給料を2倍にするための
真・経済入門

武田邦彦
Takeda Kunihiko

ベスト新書
562

まえがき　〜「経済」の〝本質〟を整理する

本屋に行くと、「経済」の本が所狭しと並んでいます。「アベノミクスで景気を良くしよう」というような本や、反対に「アベノミクスはアホノミクスだ」というような本まであります。そして、内容もなかなか高度でしっかり書かれています。

でも、私たちにはあまり関係がありません。その理由は、それらの本には「日本政府はどうするべきか」「日本銀行は金融を緩和するべきか」「イギリスがEUを離脱すると世界経済はどうなるか」など、私たちの生活に直接は関係のない高邁《こうまい》なことが書かれているからです。

私たちの関心事は、「今年は給料が上がるかな？」「うまい投資先はないかな？」といった「個人」の問題です。極端に言えば、アベノミクスはどうでもいいのです。日銀の黒《くろ》田《だ》東彦《はるひこ》総裁が元気であってもなくてもどうでもいいのです。そんなことよりも、安定した職があり、給料が上がり、銀行に預金するよりも利子が高いものがある……ということのほうが、関心が高いのです。

一般の経済の本に「お国の経済」が書かれているのは、それなりに理由があります。個人の財布は、政府の金融政策や国際関係と密接に関係しているからです。だから、どうしても経済の専門家は、つい「お国の経済」のことを書いてしまうのです。ですが、本著はそれらの経済本とはまったく違う内容となっています。

経済というのは非常に難しく、それを完全に理解し、政府の政策を論じるまでになるにはとても高度な知識が必要です。でも、私たちは政策立案者ではありません。人生を豊かにするために「できればお金持ちになりたい」、それが無理なら「持っているお金がなくならないようにしたい」のです。その方法を知りたいのです。

そこで、本著では、経済の本質に迫りつつ、「政策立案のための知識」ではなく、「自分の人生を豊かにするための知識と方法」に限定して整理を進めていきます。

経済書がわかりにくいのは、すぐ「ケインズ経済学」とか「マクロ経済」などの経済用語が出てくるからですが、本著ではそれらには触れません。

また、経済の専門家は何らかのかたちで政府と関係しているので、時の政府に遠慮して肝腎なことを書かないこともあります。

しかし、「知は力」です。知識を持っていないと自分のお金を増やしたり、安全に人生を送ったりすることができません。そのための「知」を整理したものが本著です。

でも、ちょっとした注意が要ります。本著に対して経済の専門家からの批判が予想されるからです。たとえば、「数字に整合性がない」とか「従来の説明を省いている」などといった反論が予想されます。

本著では、次のことに注意しています。

① 細かい数字にとらわれない。少しぐらい矛盾していてもよい
② 現在の政府の説明はウソが多いので、信じない
③ 経済専門家の間には喧嘩が多いので、それに巻き込まれない

そこで、本著では最初にいろいろな「ウソ」を整理しておきます。考えるときに最初から「ウソ」が入ると正しい理解ができないからです。整理していくなかで示す数字に

は相互に矛盾があるところも出てきます。でも、それは専門家同士でも見解の相違のあるもので、相違点をいちいち取り上げていると「木を見て森を見ず」になりますので、徹底的に「大きな数字だけ」に絞って整理をしています。

そして、「どうしても知っておかなければならないお金に関する基礎的なこと」を本質的に書いています。「お金のでき方」や「税金の仕組み」などです。

やや理屈っぽいところがありますが、一度、そこを通っておかないと、具体的な話になったときに行ったり戻ったりしてしまうからです。だから、それらの整理が終わってから本題へと進みます。

＊

著者の願いは、あまりお金に強くない多くの方が、本著をお読みになり、自分のお金のことを正しく理解し、失敗のない人生を送ることができることです。

それでは、給料を2倍にするための「経済」の話を始めたいと思います。

武田邦彦

給料を2倍にするための真・経済入門 ◎ 目次

第一章　まず、働いた分を返してもらう！

第二章　「お金」とは何か？

第三章　「増税」は私たちに何をもたらすのか？

第四章　お金に不自由しないために知っておくこと

第五章 世界経済の本質とイノベーション

※本書の引用部分につきまして、原文の記述を損なわない範囲で一部要約した箇所があります。また、旧仮名遣い及び旧漢字も新仮名遣いおよび新漢字に変更した箇所があります。

※敬称につきまして、一部省略いたしました。役職は基本的に当時のものです。

※本書では文脈に応じて、「支那」の用語を使っています。

※本書では「インフレーション」を「インフレ」、「デフレーション」を「デフレ」と表記しています。

第一章

まず、働いた分を返してもらう！

最初に、私たちが完全に錯覚している「日本の現状」から整理を始めます。

多くの日本人が錯覚していること……、それは「日本は大きな借金を背負っていて、このままでは私たちの子供に大きなツケを残す。だから増税も仕方ないし、我慢しなければならない」というものです。

これは、まったくのウソです。

現在の日本の状態をこれほど間違って認識していれば、何をやったとしてもお金を損するだけです。

そこで第一章では、「日本政府」そして「日本国」、「外国との比較」と進み、その後、具体的に「私たちの給料を2倍にするにはどうしたらよいか?」を考えていきます。

Ⅰ 「日本政府」は赤字か？

3000万円返してもらい、給料も2倍にする

1960年（昭和35）に池田勇人《いけだはやと》内閣総理大臣が国会で「所得を倍増する！」と叫んでいるのを見て、当時、学生だった著者は「そんなことができるわけはない。口で言うだけで所得が倍増になるなんて、政治家はウソつきだ」と思ったものでした。

でも、若き著者は知識もなく、ただ感覚的にそう思っただけでした。ところが、それからみるみるうちに日本人の所得は上がり、2倍どころか、1956年（昭和31）から1990年（平成2）までの長い期間をとると、実に8・8倍にもなっているのです。

当時は、物価も給料も今とは違う時代ですが、現代風になおすと、22万円の月給が200万円になるわけですから、それはずいぶん違います。駅から遠いわが家に住んで通勤電車にもまれる毎日から、素晴らしいマンションに住んで、高級車に乗って職場に行き、好きなコーヒーが存分に飲めるという生活になるのですから、誰もが希望すると思います。

でも、そういう生活は現代でも夢ではないのです。「自分の給料を2倍にするのは、自分の決意次第です」と言うと奇妙に感じるでしょうが、これは本当のことなのです。

本著ではわざと自分の給料を上げないようにしている日本人に、「決意さえすれば給料は上がる」という具体的な方法をまず示します。

給料を上げる手段は2段階に分かれます。

まず、第1段階では、個人より政府を優先する現代の経済評論家の〝ダマシ〟を見抜いて、「自分が稼いだお金を返してもらう」ことです。返してもらうお金は、一人あたり約3000万円です。

ここで躊躇《ちゅうちょ》してはいけません。現にお金はあるのですし、そのお金はもともと私たち国民が働いて稼いだものですから、国（政府）に対して正々堂々と「返してください」と言えばよいのです。

お金を返してもらったら、まず家とか車とか、いま自分の一番欲しいものを買います。貯金などしないで、「早く自分の人生を豊かにするため」にモノを買うのです。なにしろ政府が一度に3000万円もくれるのですから、ここは気前よく使いましょう。

そして、返してもらったお金を使い切ったら、豊かな生活が続くように、次の「給料を2倍にする」という第2段階（所得倍増計画）に入ります。

最初にお金を戻してもらい、それから所得倍増計画を実行する――。この順序が大切なのは、国民が騙されている状態で給料を上げると、上げた分だけまた国民は騙されて、実質的に生活が豊かにならないからです。このカラクリについてもあとで説明をします。

政治家や官僚、マスコミの大ウソ

それでは、まず、原理原則を知ることから始めます。

10年ほど前から、テレビや新聞で盛んに「子供にツケをまわさない」と言われ出しました。その頃のテレビや新聞が言っていたのは、「税金が足りないのに福祉や医療にお金がかかる。このままでは国の借金が1000兆円になる。つまり、国民一人あたり800万円ものツケが残ることになる。このツケは子供にまわるので、そんな可哀想なことにならないように、消費税を増税しなければならない」ということでした。

たしかに、福祉のお金や医療費は減らせません。それに、なにより「子供にツケをまわすことになる」と言っている人が、財務省の偉い人やNHKのアナウンサーだったりするのですから、「これは大変だ。税金は払いたくないけれど、子供たちにツケをまわすわけにはいかない。少しぐらい消費税が増えても日本の未来のために我慢しよう」と思ったのも当然です。

当時は、政治家や官僚、マスコミが大きなウソを言うなんて考えられていませんでした。また、ちょうどその頃、ヨーロッパでは「ギリシャ危機」が起こっていて、テレビに出る「経済の専門家」という人たちが、「このまま行くと日本もギリシャのように財政が破綻《はたん》してしまう」と脅したのですから、国民の多くが「我慢しよう」「もしものために貯金を増やそう」と思ったのも納得できることです。

まさか、それは「消費増税」＝「天下り促進」のための〝全日本的な巨大なウソ〟だとは考えません。ウソと考えるほうが変人に見られたでしょう。でも、本当にそれは真っ赤なウソだったのです。

そんなウソがばれるのに時間はあまりかかりませんでした。すでに日本では「ネット」という情報機関がありましたので、そういったウソが次々と明らかになっていったのです。

日本政府は〝赤字〟ではない

まずは、「日本国」と「日本政府」の違いがありました。「日本国」と言えば、国民、企業、団体、政府などで、「日本国の借金」と言えば、これらの人たちが負っている借金の総額になります。また「日本政府」なら、これも当然ですが、政府の財政だけで、国民や企業は関係がありません。また「政府」のなかには「地方自治体」も入っていますので、厳密に言えば「広義の政府」としてもよいと思います。

まず、「日本政府」の財産状態ですが、「持っているお金（資産）」が、直接的なお金などで500兆円、土地などの固定資産が580兆円で、およそ1080兆円の資産があります。森友学園報道のときに、繰り返しテレビで出てきた「国有地」などは政府が持っている資産のひとつです（「政府所有地」と言わずに伝統的に「国有地」と言っています）。

これに対して、政府の借金は主として「国債」で１０４０兆円です。資産が１０８０兆円、借金が１０４０兆円ですから、わずかですが40兆円ほどのお金が余っていることになります。

政府の国債を持っているのはほとんどが銀行で、そのお金は国民の預金ですから、「国債を買ったのは国民」と言ってもよいでしょう。

現在の日本政府の財政状態は、家庭で言えば、銀行に預けている預金や株が５００万円、土地の資産が５８０万円、合計すると家の資産は１０８０万円。借金は１０４０万円なので、いざというときには土地でも売ればなんとかなる」という状態です。

つまり、「日本政府は資産と借金がバランスしていて、赤字ではない」ということです。「政府もＮＨＫも経済専門家も平気でウソをつく」というのがこれでわかりました。

ただ、注意事項もあります。この「数字」は、有名な経済学者・高橋洋一さんの計算によるものですが（※１）、これは日本政府のお金の状態を最も正しく示したものと言えるでしょう。でも、政府や今まで「政府は借金だらけ」と言っていた人たちは、高橋さんのこの「計算」を批判しています。

企業のお金の状態は、法律で細かく決まっています。そして、その計算方法、発表までの手続きについては誰も異論がないようです。株式を公開して社会からお金を集めているような会社は、「お金のことはしっかりやらないと詐欺《さぎ》まがいになる」ということできわめて厳密なのです。

ここ数年のうちにつぶれるかもしれないと言われる名門企業の東芝の場合でも、会社の財務状態を示す書式が決まっているのはもちろんです。また、社外に公表するには、社内監査役、社外監査役、それに会計監査会社の同意が必要で、この原稿を書いている段階では東芝は、監査会社の同意が得られず、宙に浮いた状態です。

一般の私企業でもそんなに厳しいのに、国民から税金というかたちでお金を取っている政府の会計方式が「決まっていない」というのは驚くべき状態です。だから、高橋洋一さんの計算が正しいかどうかが専門家の間で揉めているのです。

※1　高橋洋一『「日本の借金1000兆円」はやっぱりウソでした～それどころか…』(http://gendai.ismedia.jp/articles/-/47156) で、数字の根拠も示されていますが、それらはすべて政府関係の機関から出されているものです。

でも、ここではそんな揉め事の内容には入らないようにします。というのは、専門家の間でも意見が違い、しかも「政府のお金の状態を把握する学問もない」という異常な状態のなかに素人が入り込んでもろくなことにはならないからです。

ここは単純に、日本の政府や自治体のお金は「ほぼ過不足なく安定している」ということを知っておくだけにしたいと思います。

＝「日本国」は赤字か？

日本は「黒字国家」である

前節で「日本政府のお金は足りている」ことを示しました。この節ではさらに進んで「政府には借金はないのかもしれないが、日本国全体では借金があるのではないか？」という疑問に答えたいと思います。なにしろ、政府や財務省、ＮＨＫなどは、「国は借金だらけで国民一人あたり８００万円の借金があり、ギリシャのように危機に陥る」と言っているのですから、その問題を片付けておく必要があります。

今度は「国」ですから、「政府＋銀行（金融機関）＋企業＋個人」のお金を合計する

図表1　お金と借金の関係

	お金	借金
政府	480兆円	1000兆円
銀行	2800兆円	2700兆円
企業	850兆円	1200兆円
個人	1500兆円	370兆円
余り	360兆円	

必要があります（《図表1》）。

この数値は、日銀が2010年に発表したもので（※2）、多くの方がこの資料を使っています。

この数字は、高橋洋一さんの計算によるものではなく日銀のものなので（政府の数字）、お金や資産の計算方式が高橋さんのものとは違います。でも、本著ではあえて「政府のお金は、高橋さんの計算によるもの」、「国家のお金は、日銀の計算によるもの（少し数字が違うのですが）」を出しています。それは、本質的なところは両者とも変わらないからですし、細かいことの議論をせずに理解しようとする場合は、むしろ異なった計算による数値を見たほうが理解しやすいからです。

《図表１》の混合方式による計算結果を見ると、政府は５２０兆円の赤字、銀行は１００兆円の黒字、企業は３５０兆円の赤字で計７７０兆円の赤字なのですが、個人（国民）では１１３０兆円ほどのお金が余っているので、合計では日本国は、差し引き３６０兆円の「純資産」を持っていることになります。ここで言う「純資産」とは会計用語で、自分が１００％権利を持っている土地とか銀行預金のようなもの（「自分のお金」の総額）です。

つまり、政府や企業は少し赤字だが、個人があり余るほどのお金を持っているので、日本国全体では「大きな黒字」であるということです。

「国の借金１０００兆円」などという財務省の言い分やＮＨＫの報道がいかに間違っているか、ここでもハッキリします。もともと「政府」と「日本国」は違います。

高橋洋一さんの計算では、政府も資産が多く、むしろギリギリですがお金は余っていることになります。日銀の計算では政府の資産は少なく計算されていますが、その分だ

※2　日本銀行「資金循環統計」2010年6月速報値（https://www.boj.or.jp/statistics/sj/sj.htm/）。具体的にネットサイト「日経ビジネス」などに出ている（http://hashiori.i-nav.info/summary-for-news/howtounderstandthebalancesheetofjapanesegoverment.html、https://www.boj.or.jp/statistics/sj/sjexp.pdf etc.）。

け国民が多く持っているので、結論的には高橋さんが出した数値とあまり変わりがないことになります。

国民を騙す、詐欺師的な報道

細かいことは別にして、「政府が借金を抱えているのに、国民は財産が多い」というのをひと言で言えば、「政府の債権（国債）を、国民が買って持っている」ということです。国民が買った国債（借金証文）のお金は、「政府が借りている」ものですから、「財産としては国民のもので、政府は、いつかは国民に返さなければならないお金」であることは当然です。

もし「借りたお金を返さない」ということになると、それは「詐欺、踏み倒し」行為になります。そんなのはアウトローがやることで、決してまともな人間のすることではありません。

「政府の借金」を「国の借金」と言い換え、政府が借りたお金をあたかも「国民が借りたお金」のように言い換え、「子供たちに一人あたり800万円のツケ」という表現をしたのです。まさに、詐欺師、ペテン師の仕業《しわざ》で、これが政治家や官僚、マスコミのトリックだったのです。

本当はもっと悪辣《あくらつ》でした。

まず、「政府が赤字国債という名の借金証文を出して国民からお金を借り（そのお金を返す気はなく）」→「〝貸した国民〟を〝借りた国民〟という言い方に180度入れ替え、〝子供たちのツケ〟という言い方にして」→「借りている国民が、そのお金を〝消費税〟というかたちで払わなければならない」……というのがNHKなどの報道でした。

国民は、政府の発行する国債（借金証文）を買ってお金を払い、さらにそのお金を返してもらうためにもう一度、消費税というお金を政府に払うという二重払いを要求されたのです。

こんな理不尽なことがどこの世にあるでしょうか。でも、本当にそれを言ったのが政権を取った民主党（現・民進党）の野田佳彦《のだよしひこ》首相（当時）でした。詐欺のやり方、ペテンのかけ方があまりにとんでもなかったので、国民は理解できなかったのです。

今でも経済や財政の解説者や評論家は、「財政を健全化させなければならないから増税が必要」だと言っています。「専門的用語ではぐらかして、国民から何回もお金を取ろう」としているのですから、本当にタチが悪いとしか言いようがありません。

Ⅲ　外国と比較すると……

日本は世界で一番のお金持ちの国

「国の借金が多い」というのがウソであることがわかりましたが、日本国が持っている「純資産360兆円」というのは、世界の国からみたらどの程度のものなのでしょうか。

「ギリシャ危機」をみてもわかるように、日本が外国に対して持っている純資産（対外純資産）が大きくマイナスになると、外国に対して借金を返すことができなくなります。

日本の国内で、政府が国民から借りていても、企業がお金を抱えて国民に支払わなくても、それは日本の国のなかのことですから、「子孫にツケをまわす」というようなことにはなりません。

しかし、外国に膨大な借金がある場合は、それこそ私たちの子供たちは必死に働いてその借金を返さなければならなくなります。

そこで、ここではお金と借金の細かい数字は抜きにして、世界のなかで、日本は「黒字なのか？　それとも、赤字なのか？」を調べてみます。統計は2015年末のものです（※3）。

〈世界の黒字国ベスト3〉

①日本…339兆円　②ドイツ…195兆円　③中国…192兆円

〈世界の赤字国ワースト3〉

①アメリカ…886兆円　②イタリア…57兆円　③フランス…50兆円

※3　日本銀行「平成27年末 本邦対外資産負債残高の概要」、「主要国の対外純資産、為替相場の推移」などから。

エッ！と驚く数字です。だって、「日本は膨大な赤字国、だから増税！」と言っているのに、実は世界で最も対外純資産が多い「お金持ちの国（黒字国）」なのです。「ギリシャ危機」は、この対外純資産が国民所得に対して大きくマイナスだったのです。ギリシャは自力では外国からの借金を返す目途がつかなかったのです。

経済評論家が「日本もギリシャのようなことになる」と言ったのはいったいどういうことだったのでしょうか！　ここまで報道や解説がいい加減では、私たちはＮＨＫも民放の経済解説はもちろん、日経新聞さえも見る必要はないことになるでしょう。

「お金が余っている」状態が続いている――

ここまでをまとめると、

① 日本政府は、計算の仕方もあるけれど、お金は少し余っている（国有財産を少なめに見れば500兆円ほどの赤字である）

② 日本国は、国民が大きく黒字で生活しているので、政府や企業の赤字を埋めて、純資産が360兆円ほどある（お金は余っている）

③ 他国との関係では、日本国は世界で最も対外純資産が多く、大金持ちの国である

となります。

だから、私たちはもっと大きな気持ちで、気楽にいけばいいのです。そして、将来に不安を持たず、大いに物を買い、ドンドン旅行に行き、おもいっきり遊んで人生を謳歌《おうか》しようではありませんか。

次節から、具体的にどのぐらいのお金を使えるのかを計算してみます。

Ⅳ　働いた分を返してもらうと貯金は３０００万円になる⁉

ホントの国民一人あたりの貯金は、３１０６万円⁉

前述のとおり経済評論家・高橋洋一さんの計算では、日本政府は黒字です。また、あまりに複雑になるので「政府の連結決算」は示しませんでしたが、これも当然、黒字です。実際は、日本国も大黒字で、世界一です。

そして、その黒字は、国民が一所懸命に働いて稼いだ結果ですから、まず政府は、「余っているお金を国民に返す」ことから始めなければなりません。

まずは、超楽観的に考えます。どうせ議論の途中で、お金を隠し持っている政府や企業はなんとかしてそれを隠そうとしますから、本書では国民サイドに立って、「密かに貯めているお金を全部、はき出せ！」と迫ってみます。

そうすると、

●日本政府の隠れたお金＝40兆円
●連結政府の隠れたお金＝300兆円
●企業内部の隠れたお金＝350兆円
●外国に貸しているお金＝350兆円
●国民が持っている国債＝1000兆円

となります。

このうち、最初の40兆円と次の300兆円がダブルカウントなので、それを勘案して計算すると、「国民が働いて稼ぎ、本来なら国民に還元されていなければならないお金の総額」は約2000兆円になります。

繰り返しますが、日本に関係する政府、企業、個人の財産は、現在約2000兆円です。なぜこんなにもお金が貯まったのかというと、「日本国民が勤勉に働いたから」に他なりません。

日本人は勤勉かつ優秀なので、働いて、働いて、お金を稼いだわけですが、そのなかには国内で生じた付加価値分や外国との技術差、日本人の真面目さから生じたお金もあります。ようは、「日本国民が懸命に働いたからお金が余った」ということなのです。


ならば、本来はこの隠れたお金は日本国民に返す必要があります。これを一人あたりに換算すると、日本の人口は現在（約）1億2700万人なので、赤ちゃんまで含めると一人あたりの還付金額は1600万円程度になります。働いた人だけに限定すると、勤労者一人あたり3106万円となります。

つまり、現在の日本の勤労者は、本来であれば現在の貯金や資産に加えて、一人あたり3106万円の貯金を持っていることになるのです。これは、「これまで正しく、勤勉に働いた人にお金を渡す」という社会正義があれば、本来は国民の手元にあるお金なのです。

これまでに稼いだお金を使えば、景気は上昇する

今、勤労者一人あたりが自分の手元に持っているお金（銀行、郵便局、債権など）は1180万円程度です。だから、差し引き1926万円。約2000万円が、政府のなか、企業のなか、外国などに分散しているのですが、それらはしっかり把握できない状態にあるのです。

たとえば、企業の「内部留保」というのもこれを把握しにくくしている原因のひとつです。「内部留保」というと聞こえはいいのですが、これは「従業員が働いて稼いだ分を会社が抱え込んで、賃金として勤労者に分配していない」ことを意味しています。

また、外国へ貸しているお金もプラスマイナスゼロが適当ですから、外国の純資産を日本に引き上げて来れば、一人あたり約500万円ほど分配できるわけです。

後に示しますが、今、この2000万円をもらっても、それは一時的なものなのです。本著の目的のひとつは、日本人の給料が永続的に上がる（当面、まずは2倍にする）方法を示すことですが、それを整理する前にやることがあります。

それはまず、政府（国民の公僕）に「隠しているお金」を還付させることです。国債の償還に必要なお金も、国民からの借金ですから、消費税を上げたりせずに、国債を日

銀が買い取り、政府のムダな資産を売却すれば国民に返すことができます。

まずは、政府が決断して自分の主人（国民）に、「国民が働いて稼いだお金は返す」という大号令をかければ、まずは一人あたり2000万円が返ってきます。このお金で、家や車や家電製品を購入し、旅行、趣味などにドンドンお金を使えば、これまで必死に働いて稼いだ苦労が報われ、人生が豊かになります。そしてそれは、すでに過去に稼いだお金なので、国民の決断次第で今でもすぐにできることなのです。

貧乏生活と我慢に慣れている日本人ですから、そんなことを言っても「要らない」と言う人もいると思うので、その人たちの分は「要る」と言う人たちがみんなで分ければいいでしょう。みんながこのお金を使えば、生産も増大し、景気もよくなり、賃金も上がるので、それだけで経済効果が高まります。

「省エネ」は美徳ではない

ただ、みんながお金を持ってドンドン消費すれば、温暖化のような環境破壊が起きたり、石油が枯渇するのではないかと心配されるかもしれませんが、それはまったくの杞《き》憂《ゆう》に過ぎません。

環境や資源という問題は本著の主題から離れるのですが、著者の専門でもあるので「なぜ石油は枯渇しないのか？　なぜ温暖化は起こらないのか？」をごく短く説明しておきたいと思います。

今から46億円前、地球が誕生したとき、地球の空気の95％は二酸化炭素（今で言う「温暖化ガス」）でした。現在でも生物のいない金星や火星の空気はほぼ95％が二酸化炭素ですが、地球にだけ生物が誕生したので、地球の二酸化炭素の量は減りました。

生物はすべて（人間も含めて）その食糧は二酸化炭素です。ただ、人間の場合はすでに退化していて二酸化炭素を食べることができないので、たとえば「イネに依存して、イネが空気中の二酸化炭素を吸って炭素の粒（米粒）をつくり、イネのつくった米粒をヒトが食べて生きる」という仕組みになっているのです。

あらゆる生物が二酸化炭素を食べ、体をつくり、エネルギーとして利用し、そしてやがて死んで腐敗してもとの二酸化炭素に還ります。すべての生物が空気中で腐敗すれば、地球上の二酸化炭素の量は変化しないのですが、なかには土の中に潜ってしまうものがあります。たとえば落ち葉の上に砂が溜まったり、崖崩れで樹木や動物が埋もれたりするからです。

生物が誕生してから37億年。そうやって少しずつ生物の体が土の中に入り、死んでも酸素と触れないので、そのまま地中に埋もれてしまいます。それでできたのが石炭、石油、天然ガスなどで、これらは「生物の死骸からできたもの」という意味で「化石燃料」と言います。なかには生物の死骸ではないものもありますが、ごく小数です。

地中にある炭素（石油、石炭、天然ガス）の量は、空気中の酸素の量から計算できますが、今後、ほぼ10万年から600万年ぐらいは持つだろうとされています。

また近年、シェールガスなど地下深部の化石燃料を掘ることができるようになり、「あと数十年」と言われていた石油の寿命は「1000年以上」となりました。

地球の空気はもともと二酸化炭素でできているので、地球が誕生したときの95％から現在の0・04％まではすべて「経験済み」です。地球温暖化の報道ではいつでも「コンピューターで計算したら」という解説が付きますが、そんな計算をしなくても「過去に経験したこと」ですから地球の歴史を辿ればわかることなのです。

つまり、地球上で長く生物が生きてきたのですが、過去には二酸化炭素は多かったのですから、二酸化炭素が増えて生物が絶滅の危機に陥ることなどはあり得ません。また、

「何パーセントになったら何度になる」ということもわかっています。

国民の味方・NHKの出番だが……

細かいことは別にして「温暖化する」というのは「過去の良い時代に還る」ということですから、何の問題もありません。生物にとっては、大きな植物が繁茂し、恐竜のような大型動物も食糧に困らなかった中生代（約2億年から1億年前が中心）までは心配はまったくなかったのです。

石油の枯渇や温暖化という問題も、「国の借金」と同じように、誰かが得をしようとしてウソをついているに過ぎないと思って間違いはありません。

ところで、お金の面でも環境の面でも、「ドンドンお金を使う」ということに心配はないのですが、一方では、節約が好きで「足《た》るを知る」という信念をお持ちで、お金は要らないと言う人がいます。それはそれで立派なことです。

政府から返されるお金を断った人の分だけ他の人が潤うのですから、お金を断った人にはお金の代わりに感謝状をあげたらよいと思います。

一人平均、２０００万円が返ってくるのですから、こんなにいいことはないのに、この提案にはおそらく多くの反論が出ることでしょう。それは、隠されたお金を抱えて利権を得ている人たちが多いからです。

そこには、いわゆるエスタブリッシュメント（社会的地位が高く、理屈もうまい人たち）、マスメディアで働く人、国や大企業関係の各種専門家たちがいますので、政府や企業が貯め込んでいるお金をあぶり出すのは大変難しいことになるでしょう。

ここはひとつ、受信料で運営していて、国民の味方であるはずのＮＨＫに一肌脱いでもらいたいものです。

Ⅴ　なぜ政府は国民を騙したのか？

「政治」をあきらめたら負け

前節に書いたように、日本の政府、企業、そして海外には私たちが働いて得たお金が推計で1000兆円もあり、それを「返して」もらえば、私たちはもっともっと豊かな人生を送ることができるはずなのです。

そのことがわかっても、残念ながら現在の日本人は民主主義の世界で人生を送ることになってからまだ70年あまりしか経っていないので、どうしても「何事もお上《かみ》が決める」と思っていて、「政治はどうせそんなことをしてくれない」と期待しないのです。

だから、最近の衆議院議員選挙（2014年）ですら投票率は53％に過ぎません。著者は「なんでもヨーロッパ、ヨーロッパが基準」という考え方は嫌いなのですが、たとえば、スウェーデンの国政選挙の投票率83％、ドイツの85％等に比較して、日本がかなり低く、政治と自分との関係がかなり遠い状態と言えましょう。

日本の国民は、「本当は2000万円返ってくる」という話に納得しても、「どうせ、誰に投票しても、お金は返ってこない」と政治に対する信頼感を持てないでいるのです。

2017年（平成29年）の東京都知事選挙のように、直接的に自分とは関係のない政治腐敗が論議されるときには、投票率が50％を超えることもあるのですが、むしろ地方選挙で、自分の生活に直接関係のあるときほど関心は低くなります。

政治に対して国民があきらめていることが、さらに政治も悪くしていますし、「子供にツケを残すな」などというとんでもないウソでも、財務省が虚偽を言ってNHKがそれに追従すれば確定するということが現実だからです。

「税金を増やしたい」——政治家と官僚の本音

ところで、なぜ政府は自分の主人で、自分を選んでくれた国民を騙したのでしょうか。

政治家も官僚も基本的には国民の公僕ですから、国民のために行動するはずですし、ＮＨＫも受信者が払う受信料で給料をもらっているのですから、本来は国民の味方のはずなのですが……。

虚偽を言った第一の理由は、「税金は取れるときに取っておきたい」という政治家や官僚の〝本能〟と、「天下りが増えることは強引にでもやる」という官僚の〝希望〟が彼らの底流にあるからです。

日本の場合、真面目な国民性なので、他国に比べて脱税や税金逃れは少ないほうです。加えて、日本の国税庁はきわめて優秀で、国民から取るべき税金はかなり正確に取ることができます。国民が払うべきお金を取るというのは実に難しく、たとえば社会保険庁が１９９０年代に年金の記載間違いが５０００万件もあったことと比較すると、税務署の取り立て力はたいしたものです。

政治家や官僚からみると、若干、デフレ気味とはいっても物価は少しずつ上がるので、税金も物価にスライドして上げていきたいし、現実に、各省庁から要求されるお金は常に歳入、つまり税金に基づく収入に比べて不足気味ですから、「税金を増やしたい」という気分があります。

そこに2009年（平成21）から「民主党政権（現・民進党）」というポンコツ政権ができて、公約も守らず（高速道路無料化、家族手当など）、途中で言うことを何回も変える（鳩山由紀夫首相の沖縄基地問題。「できれば国外、最低でも県外」など）のも平気という稀にみるダメ内閣が誕生しました。

財務省は千載一遇のチャンスとばかり、経済がまったくわからないと噂される野田佳彦首相に公約違反の増税をやらせたのです（もともとは減税方向が公約だった民主党政権なのに）。

野田首相は選挙で街頭演説をしているときに、「政治家は口で言ったことは守る。まして紙に書いたものはゼッタイに守る」と言い、「減税」を主張していたのですが、首相になったら簡単に増税に踏み切るという信念のない政治家でした。

だから財務省は、「社会福祉と税の一体改革」というまったく不可能な説明（消費税の増税では、理論的にも現実的にも財政の健全化と社会福祉の充実は不可能であることをあとで整理します）の仕方を野田首相に教え、増税に成功したのです。

自民党や公明党、それにNHKがなぜそれに追従したのかは明らかではありません。

NHKは自分たちの予算は政府によって決められるということがあり、「顔が、受信料を払う国民ではなく、予算を決める政府のほうを向いていた」と考えられます。

「経済学」や「金融理論」は未発達の学問

虚偽を言った第二の理由は、大きな金融政策として、政府の借金（国債など）を日銀の通貨発行権を使って解消するということに躊躇《ちゅうちょ》したからでしょう。

政府（日銀……政府と日銀は親会社と子会社の関係）は通貨発行権を持っていますから、たとえば1000兆円の国債を返すのに長期的に同額の通貨を発行して国債の分をもとに戻すことができます。しかし、これには日本の経済の状態や外国との関係で円の信頼性が傷つく可能性があり、なかなか踏み切れませんでした。

特に、日銀が黒田東彦総裁になるまでは、日銀は通貨量を制限することがインフレを避け、正常な経済発展を可能にすることができるとしていました。現在の状態を見ると、それは日本が発展途上で、国民が「より良い生活をしたい」と必死に働くような社会状況のときに成立するもので、成熟した日本社会では民間の発展の力が弱ったときや、モノに対する欲求が低くなって設備投資が少なくなったときには有効ではなかったようにみえます。

国民が、より豊かな社会を強く望み、経済が発展しているときには、国民の努力によって社会の全体の価値が増えるので、それに併せて通貨を増やさないと社会にひずみができます。それが高度成長のときの日本だったのですが、現在は、国民のモノに対する欲求も減り、それに加えて正規社員と臨時社員の給料がものすごく開いたり、失業率が低くても賃金が上がらないなどの「奇妙な現象」が現れるようになっています。

新しい時代には新しい学問が求められますが、残念ながら「経済学」や「金融理論」がまだ未発達で十分な力になりません。こんなことを言うと、経済の先生方が猛烈にとがめてくることが予想されますが、私は現在活躍中の先生方に文句を言っているわけではありません。

学問には自ずから発展段階というのがあり、学問が社会に寄与するのは、十分に前提が議論され、未来に対して正確なことを予測できる状態にならないと正しい学問とは言えないのです。

たとえば、1929年の世界恐慌やその後の経済状態をケインズなどの理論を展開して研究が進んでいることは確かなのですが、常に起こる「社会の変化」を考慮して、それに応じて「前提の異なる状態」での「適正な方法を提案できる」ということのほうが大事なのです。

たとえば、航空機を飛ばすときには、「これまでの気象状態」の範囲なら墜落しないということだけではなく、今後の気象状態でも安全に飛べることを確認するのが必須なのと同じです。

でも、現在の経済学は、「前提」＝「未来の気象状態」をハッキリさせて、そこから「実施」＝「安全に飛ぶ」という方法を見いだすことができません。過去の経験や社会の状態を仮定して未来を予測するので、必ずといっていいほど間違えます。その結果、経済学者同士が争い、罵倒《ばとう》し合うということが起こります。

たとえば、安倍政権が打ち出した基本政策の「アベノミクス」でも、政府系の経済学者が「アベノミクスは上手くいく」と言うと、在野の学者は「あれはアホノミクスだ」と反論するように、あまりに非論理的で、学問といえるようなものではありません。

さらに、学会で専門家同士が論争するならともかく、今から航空機を飛ばす（政府が現実的に経済政策を進めるという）ときに、学者同士で「墜落するかどうか」を議論しているようなものですから、どうしようもないのです。

Ⅵ　給料を2倍にするためには？

首相のひと言で、給料が2倍に！

さて、ここまで「私たちはかなりのお金を稼いだのに、それが政府、企業、そして外国に貯まったままになっている」ということを明らかにしてきました。もしも、日本政府が誠実であるならば、国民が稼いだお金は国民に返してくれるでしょう。そうすれば最大で勤労者一人あたり3000万円が手に入るのです。

ところで、人生は遺産などをもらったとき「そのお金を使って楽しく暮らす」ということとともに、当然ですが「それから以後も自分で働いて、豊かに暮らす」ことも大切です。そして、お金が手に入ったら、それを使うことによってその後の給料を2倍にすることが容易になります。

つまり、「お金を使うと景気が良くなる」→「景気が良くなると給料が上がる」→「給料が上がると、さらに景気が良くなる」と好循環をもたらすからです。

かつて、池田勇人首相という人がいて、「所得倍増計画」というのを打ち出しました。前述したように、その頃の著者はまだ若く、経済というものがよくわかっていなかったので、「そんなことができるはずがない。みんなが懸命に働いて今の状態なのだから、首相が給料を2倍にすると言ったって、それで給料が2倍になるはずもない」と馬鹿にしていました。

ところが、池田首相の政策のもと、高度成長時期にあたっていた日本は、みるみるうちに豊かになり、毎年のように10%近くのベースアップがあって、瞬く間に多くのサラリーマンの給料が2倍になったのです。

著者もその当時は若いサラリーマンだったので、ドンドン上がっていく給料にビックリしました。もちろん、それで生活が楽になっていく体験をしたものです。

なぜ、首相が「所得を倍増する」と言ったら給料が2倍にもなったのか。若かった著者は少しずつ経済を勉強して理解を深めていきました。

上がった給料分をすぐに消費すべし

ものすごく単純に言えば、日本人の多くが「給料を2倍にしたい」と思えば給料は2倍になります。

ただ、そのためには多くの人が「給料を上げたい」と強く思うことが必要です。当たり前のように思いますが、それほど当たり前でもないのです。

まずは、

①　給料が上がることを信じる
②　そこでドンドン物を買って、使ってドンドン捨てる
③　節約はしない
④　旅行に行ったり、いい車を買ったりして人生をエンジョイする

ことが必要です。

これとは反対に、ゴミを分別やリサイクルなどしてはダメです。ゴミ処理でも、最も効率的なゴミの処理方法（つまり、すべてを一緒にまとめて焼くこと）を行うことが必要です。

お金を使うときには、「節約してお金を余らしてそれを貯金しよう」などというのはもってのほかです。節電して電気代を浮かしたりするのはいいのですが、節約して余ったお金は他のことで使いきってしまう必要があります。

そして、かつての高度成長のときのように、「少しでも時間があれば、家族でドライブに行く」「恋人とデートをする」「社長さんなどは新しい車を毎年買い換える」「家電製品も新製品が出たらすぐに買う」などの積極的な消費活動が必要です。

池田首相が所得倍増計画を進めたとき、日本人はみんな「テレビが欲しい」「ドライブがしたい」というときでした。人々は給料が1万円上がると、すぐその1万円を使って、少しでも豊かな生活をしようとしたのです。

つまり、「給料が上がって、その分だけ国民が使う」→「それが企業などに流れ、さらに製品が売れる」→「企業はそこで得た売上金で設備投資をする」→「設備投資して増えた製品を、給料が増えた国民が買う」という好循環ができたのです。

給料が2倍になるための「2つの条件」

それでは、このような方法で「国民が豊かな生活をしたい」と思ったらいつまでもできるのか――というとそういうわけでもありません。次の2つの条件が必要です。

第1の条件は「その国にお金がある」こと、第2の条件は「生産力がある」ことです。この場合の生産力というのは工場で物をつくることだけではなく、サービス、つまり電車を走らせるとか、ディズニーランドでのサービスなども含んでいます。

たとえば、現在、世界のなかではアメリカが最も豊かな国ですが、アメリカには給料を上げるための、

① 国民がカードを使って、借金など気にせずにジャンジャン消費する

② 世界の基軸通貨であるドルを持っているので、お金が必要となったら印刷する

という2つの条件が整っていました。だからカードを使って、借金をしながら豊かな生活をしても大丈夫なのです。

池田首相のときの日本はどうだったかと言うと……「当時の日本人は貧乏だったので、

お金が入ればすぐに使った」「日本は生産力があったのでテレビが売れるとなるとすぐにつくった」「高速道路もドンドン整備していった」――。

つまり、アメリカには「消費意欲と基軸通貨のドル」、日本には「消費意欲と生産力」という条件が整っていたからできたのです。

現在の日本はどうでしょうか。

ここまでの検討でわかったように、日本にはお金が余っています。前節までに整理したように、消費の中心となる国民は、１５００兆円を超えるとされる「貯金など使えるお金」を持っていますし、日本全体では３６０兆円ほどの黒字です。

事実、現在は銀行の預金の利子が１％にも満たないのは、数パーセントの低い利子ですら「借り手がいない」ので、銀行は定期預金の利子さえ１％にも満たないのです。

また、日本は生産力が十分にあり、工場は稼働率が上がらない状態です。だから、銀行からお金を借りて新しい工場をつくったり、生産設備を増やしたりすることもできないのです。でも、海外にはまだ日本製品を買いたいというところが多くあり、輸出であれば生産量を増やすことができます。

最近、「円安になると株価が上がる」傾向にありますが、これは、円安になると輸出競争力が増え、日本の生産力を使って製品を作り、輸出できるからです。

つまり、現在の日本には、給料を2倍にするために必要な2つの条件が整っていることがわかります。

ところが、かつての日本と違い、「消費意欲＝もっと豊かになろうとする国民の意思」がありません。現在の日本人は、お金持ちになり、美味しいものを食べ、デラックスな生活がしたくないのです。

＊

1990年頃に起こったバブルの崩壊は、すっかり日本人の心を萎えさせ、「節約」「環境を守る」「分別、リサイクル」「足るを知る」「もったいない」……などという、後ろ向きの話ばかりが出てきて、すっかり人々の消費意欲を低下させてしまったのです。

消費しなければ景気は良くならないということは政治家も知っていましたが、選挙で当選したいばかりに、国民を間違った方向に誘導しました。

政治に一貫性がないのです。

バブルの崩壊までの政治とその後の政治が変わってしまったことによって、私たち日本人は高度成長期に蓄積した財産の多くを失ってしまいました。このことは次章で整理をしていきたいと思います。

まずは、現在の日本はお金が余っていて、お金持ちになろうとすればなれるということだけをしっかり頭に入れておきたいと思います。

Ⅶ　【補足Ⅰ】資源と環境は大丈夫か？

リサイクルは無視してOK

ここでは第一章の【補足1】として、「贅沢な生活をしてもやましいことはない」「資源は枯渇しない」、さらに「環境も悪化しない」ということを示しておきます。

日本人が「ドンドン使って、楽しい生活をしよう！」と思わないと、景気も良くならず、給料も2倍になりません。不思議なことに、「給料が2倍になったほうがいいよね？」と聞くと、「当たり前じゃない」との返事が返ってきます。特に、女性はそうです。

ところが、「ドンドン買って、ドンドン捨ててください」と言うと、「でも、環境が悪くなるし……」「石油がなくなるし……」とか言うのです。もともと、「もったいない」と言うのも、これまた女性なのです。

自分が給料をもらうということは、そのお金がどこから出てきたかを考える必要があります。会社の場合は、会社の売上げから支払われるわけですから、売上げが上がらなければお金は増えません。

売上げが上がるというのは、一般的には製品が売れるということです。製品が売れるためには、多くの人がドンドン製品を買わなければなりません。

ところが、多くの女性の場合、「自分は買わなくても他の人が買うだろう」と思っています。女性は少なくとも全人口の2分の1はいますし、消費は女性がすることが多いので、女性に節約意識があると製品は売れず、景気は低迷します。

もとより女性を差別的にみて言っているのではないのですが、「自分と社会」との一体感という意味では、一般的に男性より女性のほうが途切れていて、「自分」＝「社会」と思っていない人が多いのも事実です。

この女性の特性と、男性でもあまり消費に積極的ではない人や文学的なことに興味を持っている人の場合は、どうしても「自分が消費しなければ給料は上がらない」ということを理解できないようです。

また、1990年のバブル崩壊から、「資源がなくなる」「ゴミがあふれる」「猛毒ダイオキシンで健康を害する」「地球が温暖化する」などと、ありもしない情報が政府やNHKなどから繰り返し流されていました。これらの虚偽報道は、徐々に少なくなってきましたが（姿を変えて出てきたりはしていますが）、すでに洗脳されてしまった人は、「やがて石油はなくなる」などと今も思っていることが多いのです。

たとえば、リサイクルしている量はたかだか数パーセントに過ぎません。それでも今でも分別している人がおられます。間違った報道をしてきたNHKも訂正報道をしません。

もともと環境運動の多くが「環境を守る」という目的ではなく、「環境を守ると言って、お金を儲ける」というのがその原動力ですから、ひとたび分別などの方法が確立すると、その間違いを訂正することなく、密かにお金をもらい続けているというのが現状です。

「温暖化対策」をしているのは日本だけ!?

かくして世界のなかで日本だけが、懸命にリサイクルしたり、節電したりすることになりました。

たとえば、有名な温暖化の国際会議の「京都会議」が開催されたのは1997年(平成9)のことですが、このとき、日本と中国の二酸化炭素の排出量は11億トンと30億トンでした。

16年経った2013年(平成25)には日本が11億トン、中国が90億トンになりました。二酸化炭素の発生量はほとんど一次エネルギーの消費量にあたり、それはほぼ国民の消費量に相当します。つまり、1997年から2013年まで日本人の給料は同じだった(11億トン相当)のに、中国人の給料は3倍(30億トンから90億トン)になったことを意味しています。

消費を増やせばエネルギーを使いますから、二酸化炭素が増える……こんなのはあまりにも当たり前のことですが、日本の政治家は選挙に当選すること、そのためにはテレビが言っていることをそのまま放置するという状態だったので、日本は衰退しました。

多くの人が中国の悪口を言っていますが、中国の政治家のほうが日本の政治家よりもズッと国民のことを考えていたことがこれでもわかります。

分別しているのも日本だけ、リサイクルしているのも日本だけ、温暖化対策をしているのも日本だけ――という異常な状態は、日本の特殊な政府とNHKの影響であると言えます。世界で最も豊かで、借金がないにもかかわらず、「ものすごい借金がある」と洗脳されているのと同じです。

科学的に言えば、石油などの資源は1万年ぐらいは心配がありませんし、地球は現在3回目の氷河時代のまっただ中で、気温は地球上に多細胞生物が出現してから最も寒いというのが現実です。

ところが、科学研究の分野でも、日本は「ある〝空気〟ができあがってしまうと、それ以外のことは言えない」という雰囲気があります。

今から10年ほど前、北海道の網走付近の博物館に行って貝塚の話をしていましたら、博物館員から「西暦1000年前後に冬でも貝塚がある時代があり、その時代は冬には流氷がなかったことを示している」と説明を受けました。

でも、その事実は、政府が盛んに言っている温暖化と反することなので、「結果を発表すると博物館を運営する費用を出してくれなくなる」――、それで先の話は発表しないと言っていました。

憲法で「学問の自由」「表現の自由」が認められているのにもかかわらず、現実に「研究費を出さない」などの圧力で、憲法の精神に反したことをやっているのがお役所なのですから哀しいことです。

そんな日本に住んでいる多くの人にとっては、情報は政府にとって都合のよいものばかりです。それをＮＨＫが放送するというシステムのなかでは、ムダ働きや不当なことが行われるのも仕方がないのかも知れません。

Ⅷ 【補足2】お金持ちの生活とは？

見習いたいヨーロッパの成熟した社会

本節では、第一章の【補足2】として、「お金持ちの生活」についてお話しします。

日本人は「お金持ちの生活」というものを知らないので、なんとなくお金持ちになるのが怖いという感覚があるようなので、ここでちょっとお金持ちの人生を垣間見てみようと思います。

ヨーロッパに住むと彼らの生活が「豊か」であることに気がつきます。もちろん、あまり褒められたことではなく、彼らは西暦1500年くらいから約400年の間、アジアやアフリカを植民地として支配し、そこからの「上がり」で裕福になっていったのですから、いわば現在のヨーロッパの豊かな文化は「植民地の圧政によってもたらされた」ものとも言えます。

でも、それはともかく、彼らの生活のなかに、私たちが今後の社会をつくっていくのに参考になるものが多いことも事実です。

パリに行くと日本では超有名なブランド店が多いのですが、そこで買い物をしている人の多くは日本人やアジア人です。それも、群がるようにしてバッグや香水を買い漁《あさ》っています。

著者は以前、パリでズボンのベルトを買う必要があって、町のベルト屋さんに買い物に行きました。さして高級な店ではなく、日本で買うのとほぼ同じくらいの値段のベルトが置いてありました。そのうちのひとつを選んでお金を払うと、ノートを出してきて住所を書いてくれというのです。「なぜ、住所を書くのですか？」と聞くと、「何かトラブルや具合が悪くなった場合に連絡するためです」と言われました。

たかがベルト1本です。日本ではそんなことはあり得ませんが、それがヨーロッパなのです。余裕のある家計、ゆったりした時間、自分の好きなことや好きなものを見分ける力、美しく整った街角、整備された歴史的な建物。レストランは快適なデザインで、どこも清掃が行き届いています。日本のように入り口にビールのケースが積んであるなどということはありません。

もちろん、貧乏でも小綺麗にしておくことができますし、お金があるということがそのまま「豊かな生活」になるとも限りません。でも平均的に見ると、町の美しさ、そこを歩く人の上品さなどは豊かな生活を100年ぐらいしないと定着できないものです。

日本もひと頃から見ると、とても素晴らしい社会になりました。著者が若い頃には「ストーム」というのがまだあって、独身寮の部屋で寝ているとドヤドヤッと酔っ払った同僚が入ってきて、布団にオシッコをするということもありました。かつての日本は野蛮な国だったのです。

今、日本は世界でもトップクラスの所得があり、国全体も先進国のひとつとして立派な国になりました。でもまだ、私たちの生活には、貧乏で未開な国の生活や風習が残っています。ひと言で言えば「世知辛《せちがら》い」状態で、悠々としていません。つまり、「金持ち喧嘩せず」というところまではいっていないのです。

有色人種のなかで唯一、植民地になることなく、戦後も産業や技術を中心にして発展してきたのですから、ぜひ私たちの子供たちにはヨーロッパ並みの「成熟した、豊かな人生」を送ってもらいたいものです。

江戸期にはあった調和した町並み

それにはまず、町並みを魅力的で綺麗なものにする必要があります。戦後の貧乏な時代に建てた民家がまだ多く残っていますが、これらも経済的支援をして新しく瀟洒《しょうしゃ》な住宅に替えていきます。

また、昔の日本には棟梁《とうりょう》という人がいました。棟梁は建築主の言うことを聞くのではなく、町並み全体に調和があるようにして家を建てたものです。ところが現在では逆転していて、ヨーロッパの町並みは綺麗になっているのに、日本のそれは雑然としているようになりました。

倉敷（岡山県）など古い町並みが残っている地域は風光明媚《ふうこうめいび》で、今でも上品なものです。つまり日本も江戸時代まではお金はあまりなくても「文化の香り」があったのですが、明治になり、ヨーロッパに追いつくために一時的に汚い町になってしまったのです。

これを回復する必要があります。

次に、個人の住宅です。かつて高度成長のときに、「日本は、経済力はあるけれど、日本人の住んでいる家はウサギ小屋だ」と言われて大いに憤慨したものです。たしかにヨーロッパの住宅に比較すると日本の民家はみすぼらしく見えます。それに家も決して広いとは言えません。現在の国際的な感覚では、日本人ぐらいの所得があれば70坪程度の家が適当と思われます。

家は人の人生にとってとても大切なものです。日本の多くの家が冷暖房設備なども貧弱ですし、建て替えを必要としています。新しく建て替えて、ヨーロッパのように家の中では下着同然という気楽な生活をすることがよいと思います。

綺麗な町並み、先進国並みの住宅、そして冷えないような環境で生活して、病気にならず、自分のしたいことに集中できる環境を整備すべきでしょう。

もちろん、節約がお好きな方もおられます。それはそれで個人の考え方ですのでいいとは思いますが、現在の日本のように収入に見合う生活をすることができるのに、「環境が悪くなる」とか「資源が枯渇する」というような思い込みでそれをしないのは、一部の人の利権になるばかりです。こうした言説により国民全部が我慢を強いられるというのは異常です。

これも「国民一人あたり膨大な借金があるから消費税を増税する」という巨大なウソを言って私たちを窮乏した生活に導いたウソとよく似ています。政治家や官僚、マスコミ、そして経済の専門家たちは、自分の利益ではなく、日本の指導層として日本人全体が幸福になり、日本の子供たちがより優れた素晴らしい国に住めるように、自分を捨てて仕事をやってもらいたいと願っています。

近未来の日本の都市を考える

また、「今の生活でもいいや」と思う人の多くが「具体的な日本の未来像」を心に描くことができないという事情があります。確かに現在は、家庭内は電化製品にあふれ、車もおおよその人は持っています。駅に行けば電車はすぐ来るし、町の喫茶店に入れば美味しいコーヒーを飲むことができます。

さらに最近ではスマホが普及して、何か調べ物をしようと思ったら、ニュースもすぐに知ることができますし、友達や家族との連絡はいとも簡単にできます。これ以上便利になることは不必要にも思います。

そこで、簡単ですが、近未来の日本の社会を描写してみましょう。

現在、プロ野球の球場はほとんどがドーム球場になりましたが、この技術が徐々に普通の町に応用されつつあります。たとえば砂漠の都市などはものすごく熱く、冷房費用がかかる上に砂埃に見舞われるので、都市全体をドームで囲う計画が進んでいます。直径が5キロメートルぐらいで天井の高さ300メートル程のドームを作り、都市の大きさがそれより大きければ複数のドームをつなげます。

天井の屋根は、冬は透光性で太陽の光が入り、夏は遮光性の天井に替わって太陽の熱がドームに入らないようにします。気候が良いときには天井は開けっ放しになりますが、雨が降ると閉じるので雨や嵐には永久に遭わないことになります。

さらに、ドームの天井にはいろいろな機器が付きます。GPSのような位置決め装置は格段に精度が良くなり1センチぐらいの物を見分けられるようになります。望遠レンズも付いたカメラで犯罪を監視することもできます。

自動車は精密なナビを使って完全な自動運転になります。上方から監視しているので子供が飛び出す前に車のブレーキがかかりますので自動車事故はまったくなくなり、自家用車という概念もありません。

車で帰ろうと思ったら近くの自動運転車に乗れば自分の顔を認識して自宅や行きたい場所に連れて行ってくれます。すべては一人乗りの小さな車になり、交通渋滞もなく、酔っ払い運転もありません。

また雨も風も吹かないので「傘」もなくなり、「厚いコート」も不要です。家を建てるときには屋根すら要りません。交通事故に怯えたり、犯罪や風雨にさらされることのない快適な人生を送ることができます。

地震に備えてドームの地下は免震構造になりますから、いつか来る大地震を心配することもなくなります。ドローンのようなものがドームの天井付近を飛んで、荷物も個人から個人への宅配が可能になります。

未来の子供たちへ

このドーム構想はもともと人間のためだけではなく、動物と人間の住む場所を替えることによって自然を守ることができるという点で、より一歩進んだ都市構造なのです。

現在は人間の住むところが増えてきて、野生動物が絶滅の危機に瀕していますが、ドーム都市ができることによって「ドームの外はすべて人間以外の動物たちの土地」ということで、自然との共生ができることになります。

人間はドームの外の畑を見ることと、たまにバーベキューをしたければ自分の住むドームと他のドームの間で途中下車し、リスやシカのいる平原で、家族と一緒にバーベキューを楽しむことができます。

さらに人工知能が発達し、顔認識ができるようになるので、私たちは鉄道の定期、銀行の通帳、ハンコ、現金の代わりに使うカードなどからすべて解放され、どこで、何を買っても顔認識で処理してくれることになります。「昔は駅に行くと改札機があったね」とか「銀行には通帳とハンコを持って行ったのを覚えている」というような話で盛り上がることになるでしょう。

もちろん、運転免許証や証明書などは不要になり、町は清潔で綺麗になって変質者の犯罪はまったくなくなると予想されます。

このような生活では時間に余裕ができ、余計な心配もいりません。自分が本来したかったことができる人生がやっと訪れることになります。

でも、このような社会で生活するためには、まずは現在、国や企業、外国に貯まっている2000兆円を超えるお金をドンドン新しい社会のための設備投資に使うことが必要です。日本人もドンドン買ってドンドン捨てて、景気を良くしていき、都市を改造し、人工知能化を進めなければなりません。

仮に、他国と競争になったり、果ては軍事的な侵略が心配だったりしなければ、もっとゆっくりすることもできるのですが、世界が日本だけになるということはないので、常に私たちの子供は他国との比較のなかで良い生活ができるかが決まります。

今の大人にとっては「今の状態で良い」と思うでしょうが、今から100年も経てば、まったく社会は変わります。そのときに、世界で日本だけが取り残されていたら、子供たちはとても惨めな気持ちになるでしょう。

現在の私たちが良い生活をしているのは、私たちの祖父や祖母が戦争で戦い、父や母が高度成長のために頑張ったからに他なりません。

私たちの世代も時代の要求を先取りして、よりよい社会を子供たちに贈ることが大切であると思います。

第二章

「お金」とは何か？

第一章では「自分のお金を増やし、給料を増やすには?」ということで、「自分」を中心に考えてきましたが、第二章ではもう少し視点を広くして、「お金とは何か?」「増税とはどういうことか?」、さらには「日本の経済はどうなっているのか?」などを整理していきたいと思います。

自分のことを考えることは大切ですが、自分がどんな環境にいるかも知っておく必要があります。経済の本質中の本質の話ですから、ある意味で理屈っぽいのですが、そのことさえさえ理解すれば、銀行の利子、株価の変化、自分のお金が危機に瀕《ひん》しているのか、安定しているのかも自分で判断できるようになります。なにより、経済関係のニュースを聞いても興味が持てるようになります。

1　お金の誕生

「お金の信用性」がなかった時代の「金本位制」

「経済学者は大切なことは言わない」と言われます。そのひとつが「お金がどうして誕生するのかを説明しない」というのがあります。そして、以下で説明するように、「お金は国が発行するのではなく、銀行が発行する」のですから、「経済学者は銀行からお金をもらっているんじゃないの？」と言われたりします。

でも本当はそうではなく、経済学者は、あまりに専門的用語を使い過ぎるのと、説明が面倒なので十分な解説をしないので誤解されているのです。経済学の本を読んでみると丁寧に説明しているのですが、あまりに非常識なことを、あまりに難しい表現で説明しているので、一般の人では理解できないというだけのことです。

英語を勉強された人は身につまされると思いますが、自分の頭に入っていることは理解できるのですが、新しいこと、それも「新しい考え方」を英語で理解するのはとても難しいことなのです。人間は「予想できること」は理解できますが「予想できないこと」を理解するのはとても難しいのです。

そのことを頭に入れて「お金の誕生」を読んでいただきたいと思います。

「お金」は2つの方法で誕生します。1つは「国ができるときに政府が発行するお金」、もう1つが「民間の銀行が発行するお金」です。

たとえば、日本は徳川幕府が終わって明治が始まる明治維新のときに、新しく「円」という通貨を出し、社会の取引をスムースにしました。本来の人間の社会は「物々交換」でもよいのですが、面倒なので「お金」を仲介にして物を買ったり税金を納めたりしたほうがよいのでお金が必要なのです。

でも明治の頃は「お金の信用」がそれほどありませんでしたから、金貨のようにお金自体が価値のあるものでできている（たとえば、金でできている江戸時代の慶長小判）必要がありました。

一方、紙に印刷した紙幣の場合には、それを政府に持って行けば金（ゴールド）に変えてくれるという「保証」が必要でした。これを「金本位制」と言います。

さらに社会が発達し、国の信用度が高まると「紙幣」は単なる「紙」でも大丈夫になり、長く続いた金本位制は1971年（昭和46）に終わりました。でも、1971年というと人類の歴史では「ごく最近」といってもいいぐらいですから、そこから「お金は金（ゴールド）の裏打ちがなくても信頼できるということになった（つまり、現在のように「お金の信頼性」が高くなった）のは、つい最近のことだということはよく覚えておいたほうがよいでしょう。

銀行はそれほどお金を持っていない!?

ところが、「お金」というのが、その後さらに変化しました。

お金が「金に裏打ちされている紙」から「単なる紙」に変わったのが1971年（昭和46）ですが、さらに電子化が進んで、現在では「日本に流通しているお金のうち、紙でできたお金（紙幣）はおよそ1割で、残りの9割は「コンピューターで紙に書かれた数字」なのです。

「エッ！　紙のお金は金（ゴールド）に替えてもらえないとは聞いていたけれど、紙のお金ももらえないの?!」と驚かれると思いますが、本当なのです。

銀行の預金通帳に「100万円」と書いてあれば、自分が100万円のお金を持っているということなのですが、銀行に行って100万円を紙幣に替えてもらおうとすると、一人だけ銀行に行った場合にはすぐに替えてくれます。でも、預金者全員が替えに行ったら、全員にはお金を渡すことができなくなるので銀行はそこで閉鎖されます。だから、預金者の大部分はお金を引き出せません。

ときどき、世界のどこかで「銀行の取り付け騒ぎ」が起きます。たとえば経済の不安があると、多くの人が預金通帳を持って銀行に行き、紙幣に替えてもらおうとします。しかし、実は銀行はそんなに「お札」は持っていません。だから「銀行を閉めるしかない」ということになるのです。

どうして銀行はお金を持っていないのでしょうか。

簡単に言うと、銀行は預金通帳に書かれたお金（たとえば100万円）の約10分の1

（10万円）しかお金を持っていないのです。残りの10分の9（90万円）は「単に通帳に書かれた数字」に替わってしまっています。

このことは、経済の本をよく読めばどこかに書いてあるのですが、ちょっと読んだだけではわかりません。その代わり、「資金が不足すると日銀は紙幣を刷って市中から国債を買い上げることもできる」などと書かれています。

この場合も、正しく表現すると「日銀は国債を保有している銀行の口座にパソコンで1兆円などと記載すれば、1兆円の国債を買うことができる」となります。

実際、私たちがカードを使って買い物をするときも同じで、普通の意味での「お金」はまったく役に立ちません。カードを使うときには自分の銀行の口座の数字が買い物をする金額より多く記載されていればそれでよいのです。売った側はカード会社を通じて「数字」を口座から口座へ移動させるだけで、どこにもお金（お札）はありません。

ただ、現実的には間違いをなくすために銀行の業務は基本的に「紙に書く」というのを守っています。でも、ビットコインのように未来型のお金になると、現在のお金の最後の砦になっている「紙に書いた数字」の「紙」もなくなり、コンピューターの数字だけの世界になります。ビットコインの話もできれば詳しくしたいのですが、混乱するので、まずは、「紙の金（お札）」と「紙に書かれた数字のお金」の2つを整理していきましょう。

すでにお金は1971年にタダの紙を信用するということになり、さらに進んで紙に書いた数字を信用するというように〝信用〟だけになっています。

でも、その数字は誰の紙に書いてあっても信用できるというものではなく、形式の整った銀行預金、貯金通帳、手形のように「民間の銀行に関係する紙」でなければなりません。一個人が普通のコピー用紙に「1兆円」と書いても、それは紙に書かれたタダの数字にしか過ぎません。

それでは、どのような紙に書いてあれば「数字」＝「お金」になるのか……。簡単に言うと、「民間銀行」だけがその権威を持っています。

銀行というのは株式会社で私的な企業ですが、なぜ銀行だけが「数字」＝「お金」という数字を書けるのか、それを次に説明します。

Ⅱ　銀行がお金をつくる仕組み

「お金」は実態のない単なる〝数字〟

この説明を読む前に、「日銀が紙に刷ってお札をつくる」という考えをまずは捨ててください。そうしないと「奇妙だな」という感じが残り、その感じが残ると先に進めなくなります。

日本は「自由社会と資本主義」ですから、「なんでも政府」というわけではないのです。

これと同じように「お金」も日銀が「信用」を与えるということはするのですが、それ以外は「勝手にやってくれ」ということなのです。

そもそも紙幣とか硬貨というような「お金」は社会に必須のものではありません。物々交換でもいいですし、ある物を買ったら手帳に値段を書き留めて、なにかの機会に持っているものを渡してもいいわけです。現在のカードなどもそれに近い方法で、なにか商品を買ってもお金を払うわけではなく、カードを出してそれを読み取ってもらうだけです。

やがては銀行からその分だけが引き落とされますが、それは単に1か月ぐらい経ってパソコンに数字が出てくるだけです。確かにカードで使ったのと同じ金額だけ引き落とされているのですから、文句はないし、頭の隅には「それだけ私のお金が減ったのだな」と思いますが、その「お金」というのは、紙幣とか硬貨ではなく、単に「数字」だけなのです。

国家単位でも同じことで、個人がカードを使うときのように「紙幣を使うこともあるが、それは例外で、ほとんどのお金のやりとりは〝数字〟だけ」と考えて間違いはありません。銀行に100万円預けてあるといっても、自分のお金が紙幣として銀行にあるのではなく、通帳に「1、000、000」という数字が書いてあるだけです。

これは日銀と市中銀行でも同じで、市中銀行から日銀に1億円を送金するといっても、銀行員がパソコンで「100、000、000」と打ち込むだけです。ただ、現在の銀行は紙幣ではなく単なる「コピー用紙」で確実性を保証するようになっているので、コピー用紙に記載されるのが普通ですが、それもあくまでも「紙の上の数字」であって、紙幣とは関係がありません。

つまり、「お金」というのはまったく実態（金貨とか紙幣）がなく、単に「数字」ですので、お金を増やしたり、減らしたりするのも簡単です。

100万円が200万円になるシステム＝「信用創造」

たとえば、ある企業の社長が○○銀行に行って「100万円を借りたい」と申し入れます。銀行はその社長の計画をじっくり聞いて、「これだったら、お金を貸しても大丈夫だな」と思うと、100万円をその社長の口座に振り込みます。借入の申込書などは書くにしても、基本的には銀行員がその社長の口座に「1、000、000」と書き込むだけです。

○○銀行が100万円のお金をA社長からの預金として預かっているとします。そこで○○銀行がB社長に100万円を貸した場合、A社長の預金を0円に書き換えるわけではありません。○○銀行は100万円のお金を預かっているだけですから、それ自体は変わらないのです。それをそのままにして（数字だけ）、100万円を貸すことができるという「商売」が銀行というものなのです。

一方、100万円を借りたB社長がそのお金で100万円の機材を購入したとします。そうすると、その機材を売ったC社長のところに100万円が移動し、C社長が銀行にその100万円を預けたことになります。アレッ！　B社長が借りた銀行には、もともと預金したA社長の通帳に100万円があるのに、C社長が預けた銀行にも100万円が増えることになります。

少し大げさに表現すると、もともと日本にあった100万円をある人が銀行に預け、預けた銀行がある社長に100万円貸して、別の社長がそのお金で何かを買うと、新しい100万円が誕生して、どこかの銀行に預けられるということです。つまり、日本全体のお金は、100万円から200万円になったのです。

この例でわかるように、銀行という商売は「私的な商売」ではなく、「社会のお金を増やす仕事」をしています。これを経済の言葉で「銀行の信用創造行為」と言います。難しい言い方ですが「信用創造」というのは、なにもないところから１００万円というお金を生み出すことから、このように言われるわけです。

○○銀行の一支店の担当者がある人に１００万円を貸すと、日本のお金が１００万円増えるということになります。支店長が決済しなければならないとは思いますが、お金を貸すたびに重役会にかけるわけではないので、私的企業の現場の判断で、いとも簡単にお金ができることがわかります。

銀行は多くの人からお金を預かって利子を払うのですが、そのためには預けてくれたお金をできるだけ早く、できるだけ多く貸出先を探して、そこから利子をもらい、預金した人の口座に振り込む必要があります。

そうはいっても現実には貸し付けにも時間がかかりますから、現在の日本は「もともと日銀が出したお金」が１００兆円ぐらいですが、民間の銀行がつくりだしたお金が９００兆円ぐらいあります。つまり、銀行がお金を「信用創造」でつくるので、お金は日銀の10倍になっていることを示しています。

III　銀行がつくったお金に価値はある？

「資本主義」が「共産主義」に勝った理由

紙にお金を刷るだけなら設備の整った印刷所であればどこでもできますし、まして通帳に数字を書き入れるだけでお金ができるので、簡単にお金を増やすことができます。でも、「民間の銀行」が、自分が貸出先から利息をもらって儲けるために無制限にお金をつくってよいのでしょうか。

なにしろ民間の銀行ですから、「日本にどのぐらいのお金が必要か？」など考えもしないし、計画性もありません。単に「高い利子で借りてくれる人がいたら融資する」ということですから、お金を出しすぎてインフレになってしまうことも予想されます。「プライベートカンパニーである市中の銀行が、独自の判断でお金を無制限に発行できるシステムはおかしい、間違っている」という人がおられますが、実はここに「資本主義が共産主義に勝った理由」があるのです。

なぜ、資本主義が共産主義に勝ったのか――。

単に共産国が独裁国家になったからということだけではなく、「お金の生ませ方」も資本主義の勝因のひとつでした。そのわけを見ていきましょう。

銀行がお金を貸すというのは、「利子も支払い、元金も返ってくる」という見込みがあるからです。借りたB社長が利子を支払うことができるということは、100万円を貸したらそれを元手にB社長が100万円に利子を付けた分だけ稼ぐことができるということです。

ですから日本社会の全体の売上げは、「100万円+利子」の分だけ増えていることになります。

お金は「モノの価値」の交換手段です。100万円を貸して利子が1年で5万円とすると、100万円の価値の商売をして、諸経費を差し引いて5万円の利息を返すことができるということですから、社会全体では100万円にプラスしたお金が増えなければならないのです。

つまり、国家全体で「どのくらいのお金が必要か」を決めるのは難しいのですが、個別に「どのぐらいのお金に相当する価値のある仕事が始まるか」ということがわかれば、それだけのお金を増やすという「ミクロ」からのやり方もあるということです。

共産主義では最初に「国全体」で考えて計画を立てて失敗したのですが、資本主義では「個別の仕事」の善し悪しを考えてお金を生み出す方法で成功しました。

「無借金経営」の大きな欠点

お上《かみ》が優れているという考えの人は、公務員試験を通った中央官庁の人が優れていて、民間が劣っていると考えるのでしょう。

でも、そうでもないのです。

中央官庁の人は税金で働いているので、本人は真剣に仕事をしているつもりでも、失敗して退職するなどの危険性は民間に比べて少ないので専門職としてあまり成長しません。これに対して、民間の銀行の人は、貸し手の判断が間違えば、融資したお金が焦げついて返ってこなくなるのですから、貸すときには真剣になります。

つまり、同じ実力の社会人が、片方（官僚）は無責任、もう一方（銀行員）は責任を持って真剣に行うということになるのです。ですから、民間が独自にお金をつくり出すほうが国家がお金をつくるほうよりも正しかったのです。そのことは、すでに歴史的にわかっていることです。

私たちは小学校のときに、先生から「貯金はいいが、借金はダメ」と教わりました。公立の小学校の先生の給料はお上から降って来ますし、生活は単純に消費するだけですからそれでも仕方ありません。

でも、私立の小学校などでは、経営者が借金をして児童を教育するのですから、「児童を教育する」という社会的な価値を増やす仕事に見合う借金をしているはずです。ただ、私学の経営者は借金が大切なことを知っていますが、そこで働く個々の先生にはそのことは理解できません。そこで、残念なことにここでもおしなべて「借金はいいことではない」と教えてしまいます。

小学校の先生ばかりではありません。経済をよく知っているはずの社長さんですら、

「我が社は無借金経営だ」と胸を張る人もいるぐらいです。「無借金」ということは、新しい事業を興そうとするときにも「自己資金」を使ってやるので、銀行からは借金しないことになります。

一見すると優れているように思いますが、これには2つの大きな欠点があります。

1つは、新しい事業に自信がない（成功するかどうかわからない）ので、失敗してもいいように自分のお金を使うということです。そうするとどうしても新しい事業についての考えが甘くなり、失敗する確率は高くなります。新しい事業の成否を考えるのに甘くなるということです。

2つ目は、事業が成功したら、その分だけ社会の価値が上がります。なので、日本の全体のお金を「増えた価値の分」だけ増やしておかないとデフレになります。デフレが直ちに悪いということではありませんが、社会の価値に見合うお金が流通していないという点では褒められる状態ではありません。

このように、「失敗した場合によい」という理由で、自分のお金を使って事業を始めるのはけっして良い経営とは言えません。自己資金はいざというときに残しておいて、新しい事業をやるときには「借金」でするのが基本です。

それによって日本全体のお金が増え、結果として仕事をしている人の給料も高くなり、みんなでその事業の恩恵を受けるのが正しいやり方であると言えます。

見直したい「大知」という言葉

このように「会社の社長が借金をして新しい事業をする。銀行がお金を発行する」というシステムは実に巧妙で人間の心（積極的な心、心配や恐れなど）や力をフルに活かすようになっています。これが「国家が決める」という計画経済の共産主義より、資本主義が正しかったことのひとつの理由になっています。

江戸時代の思想家の山片蟠桃《やまがたばんとう》が「大知」ということを言っています。これは「優れた一人の人の考えより、力はなくても多くの人の考えのほうが優れている」という意味です。

共産主義や最近の日本の政府のように「国家試験を優れた成績で通った優秀な官僚」が政策を決めるより、庶民一人ひとりが頭をひねって生み出した考えのほうが優れているということなのです。

そのひとつが選挙です。いつも選挙の前には「次の選挙はこうなる。そうしたら日本はこうなる」という予想が立てられます。現実の選挙では意外な結果になることが多いのですが、選挙が終わってよくよく見てみると、その「意外なことが実は正解だった」と感心してしまうことがよくあります。

つまり、一人ひとりは普通の日本人ですから、外交のことも経済のこともそれほどよく知ってはいないのですが、その日本人の全体の意思が示されると、中央官庁にいる官吏や東大教授よりさらに素晴らしい結果を生み出すということです。

Ⅳ　バブル崩壊で急変した日本人

高度成長期は「大量生産」「大量消費」の時代だった

次に、お金のつくり方のような基礎的なことから離れて、現実の日本の経済を考えてみたいと思います。

1990年頃に起きた「バブルの崩壊」の前は、ほとんどの人が経済などには関心がありませんでした。

戦争が終わり、朝鮮動乱が終結してしばらくしてから、日本の高度成長が始まります。

この日本の高度成長は1956年（昭和31）から1990年（平成2）頃まで続き、戦争で荒廃した国土や家屋がつくり替えられました。人々は家電製品を買い、最終段階では自家用車、エアコンなどの高級な耐久消費財を整えることができました。

この間、企業はドンドン伸びる消費に合わせ、必死になって銀行からお金を借り、工場をつくり、製品を売っていきました。企業が新しい工場を建てたり、事業を進めるのに借金をし続けたので、日本のお金は増え、個人の所得は増えました（34年間で実に8・8倍）。それに見合う製品やサービスも増えていきました。それに伴い、日本の庶民の生活も一変しました。

高度成長の前の東京の生活をみると、所々ではまだ井戸を使っていました。家には水洗トイレなどはなく、汚穢《おわい》（糞尿）は自分の畑や庭に穴を掘って入れていました。汚穢を汲んで持って行くバキュームカーが登場したのはそれからだいぶあとのことでした。

さらに、家にはお風呂がなく、銭湯を利用していました。瞬間湯沸かし器もないので、女性は冬になると冷たい水仕事で肌が荒れ、手はアカギレがザクロのように肌を割っていました。卓袱台《ちゃぶだい》、火鉢《ひばち》、炬燵《こたつ》……といった前時代の生活だったのです。

それが、バブルが崩壊する頃には現代的な家になり、水洗トイレ、ガス風呂、瞬間湯沸かし器、鍵のかかる玄関、蛍光灯による照明、広い台所など、設備も整い、テレビ、冷蔵庫、掃除機などの家電製品をはじめ、エアコンまで備わった居住空間になりました。車も普通の生活の一部となったのです。

これでわかるように、高度成長期の日本の変化と消費はかなりすごいもので、典型的な「大量生産、大量消費」社会だったのです。それが、バブル崩壊後は、せいぜいパソコン、スマホぐらいは生活のなかに入ってきましたが、さして大きな変化は起こりませんでした。また、消費量もあまり増えませんでした。

生産やサービスが変わらないのですから、企業は借金をせず、「合理化」という名で従業員を減らして、縮小経済に向かいました。このときに「環境が破壊される」とか「資源がなくなる」と言われましたが、それは自分たちが言うことの辻褄《つじつま》を合わせるための言い訳のようなもので事実ではありませんでした。

高度成長のあとで起こった裏切り政策

ところで、バブルが崩壊した1990年頃には日本の多くの家庭は持っているお金をほぼ使い果たし、欲しいものもほぼ揃ったので「タンスの中は衣料品で入りきれないぐらいいっぱいある」と言われるようになりました。人間には「頭に思い浮かばないものは欲しがらない」という限界がありますから、テレビや冷蔵庫を買い揃え、エアコンや車も手に入れると、当面はなにも要らなくなります。

さらに、やっと買った小さな車に家族をぎゅうぎゅう詰めにして乗せ、渋滞した道路を観光地まで走っているときにはけっこう「やりがい」もあったのですが、高速道路が整備され、どこでも悠々と行けるようになるとドライブ熱もスキー熱も冷めて、みんな近場の遊園地に行くようになります。

せっかく「豊かな生活」を送るために高度成長時代を必死に働いた著者などは、バブル後の「節約ムード」にビックリし、あきれもしたものです。

高度成長の時代、著者も同僚も、家族も協力して、毎日必死になって働きました。それというのも、やがて成長が一段落したら、「ヨーロッパ並みの生活をする」ためでした。そして狙いどおり、所得がヨーロッパ並みになり、高速道路なども充実してきた1990年頃、突如として「環境問題」「資源枯渇問題」「節約ムード」が出てきました。

高度成長時代に人生をかけて働いた人からみれば、これほどの不誠実な裏切り行為はありません。政策の一貫性がないのにもほどがあります。

日本の高度成長のなかで働いていた人にすれば、納得のいかないことばかりです。経済成長が終わり、目的を達成した１９９０年頃には、自分が得た所得で大量消費をするのが悪いとされました。

もし、「目的を達成する」ことが悪いというのなら、それまでの34年間、日本人は何を目指してやってきたのでしょうか。

高度成長をしているときでも、ゴミの増加も、石油の枯渇もよくわかっていたことです。石油がなくなりそうだというい わゆる「第一次石油ショック」は１９７３年（昭和48）初頭のことです。

もし「大量生産、大量消費、大量廃棄」が環境悪化を促し、資源を枯渇させるというのなら、せめて第一次石油ショック後に政策としてそれを組み込めばよかったのです。そうすれば、そのあとの努力も、バブルの崩壊もなかったわけですから……。

「なんのためにこんなに懸命に働いてきたのか」と、がっくり来るのが普通です。

無策の政府――「節約」のオンパレード

現実には、バブルが崩壊すると、政府や日銀は無策でしたし、銀行や証券会社の不祥事も続きました。メディアは無責任で、ＮＨＫや朝日新聞は虚偽の環境問題をつくり出し、それを受けて、政治家が「環境に優しい社会」と言い出します。

その場限りの口当たりのいいことだけを言う進歩的知識人という人たちが口を揃えて「節約、節約」と言い出しました。

誰も、高度成長が終わったとき、「これこそが目標が到達した社会だ」と言わず、正反対の方向に進みました。その結果、消費は一気に冷え込み、まだ貧乏だった頃でも盛んだった家族ドライブや旅行までもがなくなってしまったのです。

日本の一、二を誇るある企業は「高度成長が終わって豊かな生活ができるようになったときのために」ということで、社員のためにものすごく広く、スポーツ施設、温泉などが整った社有リゾート施設を造っていました。ところが高度成長が終わりヨーロッパ並みの所得になったと思ったら、日本人はせっせと節約をし始めたのです。

そのリゾート施設は、まだ社員の給料も休暇も少ないときには多くの人で賑わっていたのですが、「時短」も成功し、所得も目標に達した1990年以後は閑古鳥《かんこどり》が鳴くようになったのです。

「働くことは働くが、目的なく働く」のが日本人の特徴と言われますが、これほどの急激な変化、目標の入れ替えはあまりにひどかったと思います。

いずれにしても、1993年（平成5）頃から消費は停滞し、モノが売れないので企業は設備投資をしませんでした。銀行の貸し出しは減り、景気は最悪の状態のままになりました。

あれほど世界の景気をリードし、一時は「日本がトップだ」と言われた時代は急速に遠くに去っていきました。GDPの成長率ゼロ、サラリーマンの給与は上がらない、そして「ワーキングプア」と呼ばれる人たちが社会問題になってきたのです。

政策はよく考えられなければならない、メディアのレベルも高くなければならない、知識人は倫理観を持たなければならない――、そうしないと国は繁栄しないとされますが、日本のバブルの崩壊、それに伴った変化こそ、日本社会の歪みや弱さを示したものはなかったと言えるでしょう。

Ⅴ　バブル崩壊後、政府はどう対応したか

政治経済の分野をみるときは、表と裏を同時に考えよ

バブルの崩壊後、日本社会はさらに間違えました。

先に書いたようにまだ世界には石油も十分にあり、ゴミがあふれるということもないのに、庶民はメディアに脅されて縮こまりました。お金を借りる経営者は激減し、銀行は貸出先を見つけられず、普通預金の利子は0・01％というないも同然のレベルまで落ちました。

そのとき、日本政府は政策をどう間違ったのでしょうか。

国の経済が発展し、国民が豊かになるためには「お金」が増える必要があります。もし世界に日本しか国がなく、他に競争相手がいなければ経済の発展は必ずしも必要ではないのですが、周囲には国があるので、日本だけがサボっているわけにはいきません。

それでもバブルの崩壊以後は、民間の借金は増えないので、仕方なく日本政府が国民の代わりに借金をし始めます。それが「赤字国債」です。

国債を発行するときの理由は、もちろん「国の仕事をするためのお金」ですから公共的な必要性があって国債を発行します。しかしそれは建前で、本当の理由は、第一に「天下り用の資金がいること」、そして第二に「経済を発展させるために、民間の社長が借金しないので、代わりに国が借りる」ということだったのです。

社会の物事や事件には必ず表と裏がありますが、特に政治経済の分野では表と裏を同時に考えなければ理解することはできません。だから、あまりに道徳観念が強く、たとえば「天下りのために国債を発行するなど、とんでもないことだ」と自分の信念を入れるとわかりにくくなります。

天下りのために税金を遣う人は多いし、「日本を良くしたい」と叫んで当選する政治家も「国会議員になって年収4000万円になるのが素晴らしい」と言う候補者も多くいるわけですから、それらを加味して判断する必要があります。

「お金が回らない社会」になった、バブル崩壊後の日本

バブルが崩壊して民間の社長が借金をしなくなったので、政府が国債を出して銀行からお金を借りることになりました。民間の社長が誰もお金を借りなければ銀行は利息を取れなくなるので、地価の高いところにある店舗の維持も高給を取っている社員の給料も払えなくなり、ひいては銀行預金の利子がマイナスになって預金の利子に頼っている高齢者も困り果ててしまいます。

現代の社会は精密にできていますから、ひとつのことがうまくいかなくなると、その影響はいろいろなところに広く及びます。だから「風が吹けば桶屋が儲かる」のたとえどおり、「民間の社長がお金を借りなくなると、高齢者が困り果てる」ということになるのです。

そこで政府は国債を発行して銀行からお金を借りることになるのですが、その先に問題がありました。民間の社長がお金を借りるときには「私の命に替えても借りたお金は返す」という覚悟でやりますから、社会が必要な商売をできるだけ効率的に進めます。

仮にそれが社会に価値を与えなければ、その社長はお金を返せませんからその会社は倒産します。

それではダメですから、企業は必死になります。その結果ほとんどの事業は成功し、日本社会は「社長が借りたお金の分だけは価値が高くなる」ということになりました。まさに高度成長時代、私たちの生活がドンドン豊かになったことがその証拠です。

ところがバブル崩壊のあと、政府がお金を借りると「社会の価値が上がらないところ」にお金を投入します。つまり「儲からない仕事が政府の仕事」ですから、「儲からないこと」＝「社会が価値を認めないこと」＝「社会の価値が上がらないこと」となりました。

ちょっと極端に言うと「銀行からお金を借りてドブに捨てた」わけです。そうするとドブに捨てた分だけお金が減りますから、お金を借りた瞬間に借りた分だけ増えて、それをドブに捨てたときにその分だけ減るということになります。

事実、バブル崩壊後、日本社会は「お金が実社会に増えない、お金が回らない社会」になったのです。

図表2　国債の保有残高

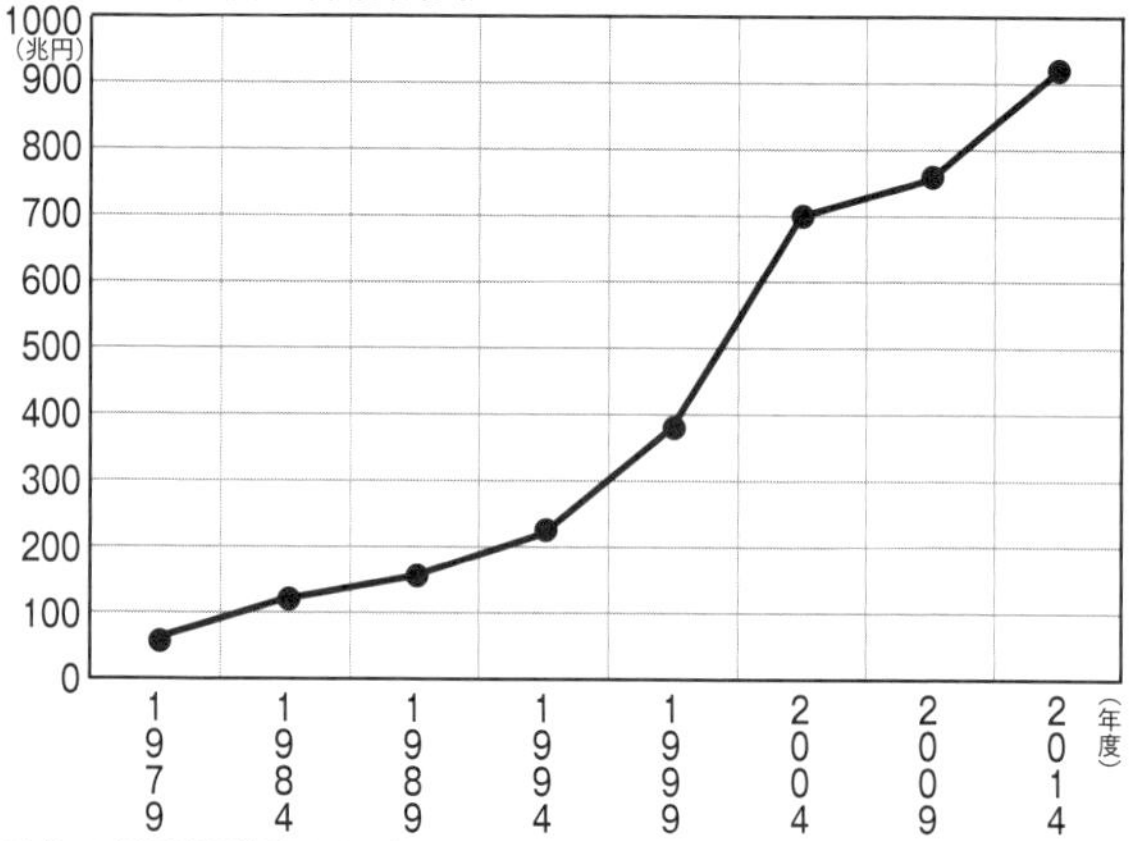

（出典：日銀資産循環統計／2014年のみ6月末のデータ）

その様子をグラフに示しました。

ひとつは民間の社長に代わって政府が借金をしだしたことを示す国債の量の動き（「国債残高」と言うことがあります）です《図表2》。もうひとつは日本全体のお金の量（マネーサプライなどと言います）を示したものです（《図表3》）。

まず《図表2》を見ていきましょう。国債が発行され始めたのは高度成長の第2期（第1期が戦後の1956年から石油ショックの1970年頃まで、第2期が石油ショックの1973年から1990年頃のバブルの崩壊まで）で、石油ショックもあり、経済が急激に悪くならないように若干の国債を発行して一時的な政府の資金不足をカバーし

図表３　日本のマネーサプライの動き

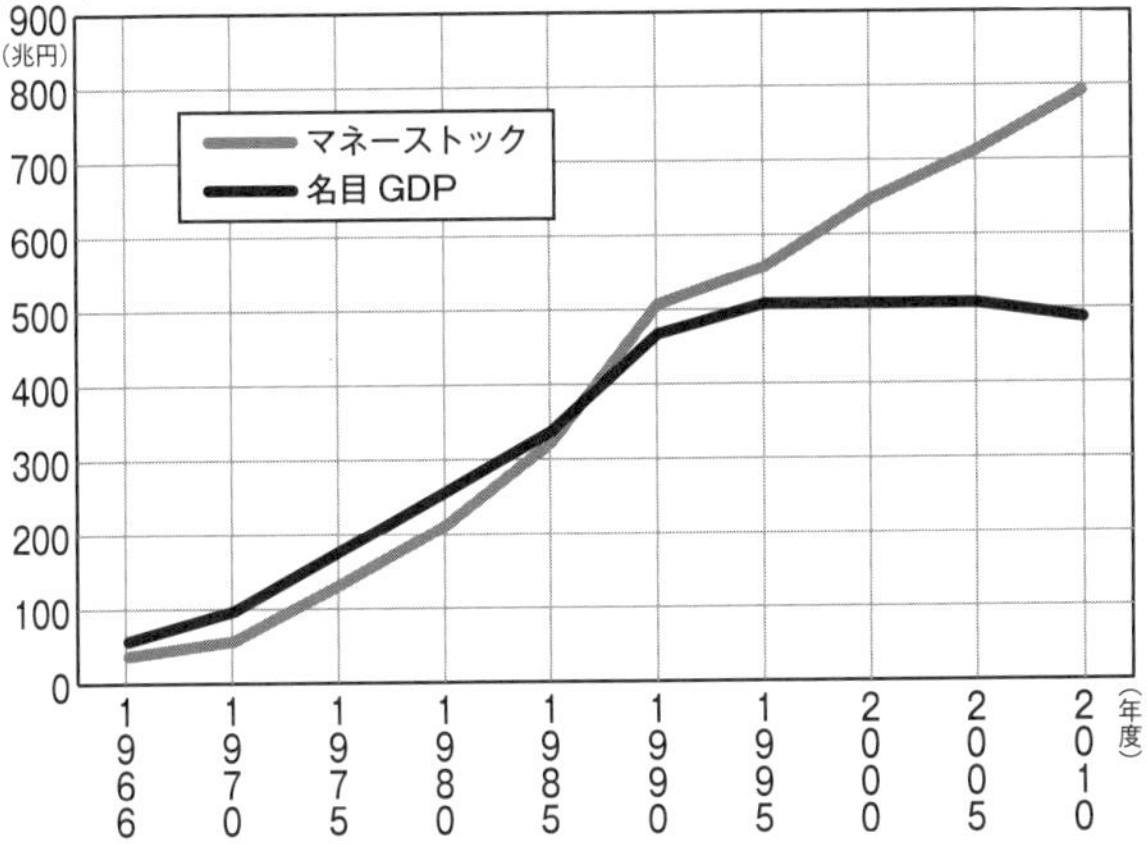

(出典：内閣府、日本銀行)

ていました。

それも高度成長の終わりの頃には少なくなっていたのですが、１９９０年初頭のバブルの崩壊から以後は急激に国債の発行が増えていることがわかります。

それでも最初のうちは、政府は国債を発行して借りたお金を返す力もあったのですが、そのうちに国債（つまり元金）を返すこともできなくなり、それどころか利子も払えなくなり、利子を払うための国債を出すようになりました。

つまり、よく言われる自転車操業的な国債運営になって、ますます国債の残高（発行した国債で利子も払わなければならない量）がうなぎ登りに増えてきました。

ところが、《図表3》を見てください。国債がドンドン発行されるようになった1990年頃のバブルの崩壊あたりから、お金が社会全体に回らなくなりました。「マネーストック（金融部門から経済全体に供給されている通貨の総量）」が増えても、「名目GDP」は横ばいが続いています（※4）。

つまり、バブルがはじけて節約ムードが拡がり、消費が増えなくなって民間の会社の社長がお金を借りなくなったのです。仕方なく政府が国債を発行してお金を循環させようとしたのですが、社会全体にお金は回らず、結局うまくいかなかったことが事実として証明されています。

※4　《図表3》は、東洋経済ホームページに掲載された櫨浩一《はじこういち》氏の記事によるもの。基本的な数値なので経済の書籍には同じ数値のものが掲載されるはずだが、整理する人によって違うことがある。この記事は信頼できるので引用した。

Ⅵ 「経済」とは何か？

散髪屋が忙しくなると日本経済は活発化する

バブル崩壊で日本は高度成長の成果を活かすことに失敗しました。でも、悪いことだけではありませんでした。この状態を理解すると、「経済とは何か？」を正確につかむことができます。

本著の目的は「正しく日本の経済政策を立てる」ことではなく（それは政府に任せておいて）、「国民としてどうしたら所得を増やし、財産を殖やし、安全に人生を送ることができるか」ということですから、「バブル崩壊」はよい教科書（お手本）になるということです。

つまり……、高度成長のときに会社の社長が銀行からお金を借りて事業を始め、必死になって働いて銀行に利子を返し、そのうち元金も返済するという状態のときには経済は発展し、国民は豊かになります。

ところが、会社の社長がお金を借りなくなったので、その代わりに政府が借りて儲からない公共的な仕事にそのお金を使うと経済は発展せず、国民の所得は減っていったということです。

経済とは何か――、それは「価値を生み出す労働」であることがわかります。

たとえば、お米を生産する農家ですと、「労働してお米を出荷し」→「それを国民が食べ、体内で燃やして（消化して）エネルギーを得て」→「それをもとに働いて日本社会に貢献」します。

つまり、米の生産という労働は日本にエネルギーを供給する「エネルギー産業であり、価値のある労働」なのです。

さらに、自動車を製造するということは、日本人の移動時間が短くなり、その分だけ効率的になります。重いものも運べますので、自動車がなければ100人ぐらいで運ばなければならなかったものがトラック1台で運搬できるようになります。だから、自動車を製造するということは、日本社会を画期的に効率化する「効率化産業」ということになるのです。

散髪屋はどうでしょうか。散髪してもしなくても頭の髪の毛は長くなるので、散髪は経済的価値がないように思いますが、人間は精神的な動物ですから、仲間がすっきりした髪で出勤するか、ぼさぼさの伸びきった髪で仕事場に来るかでは、社内のコミュニケーションも、気分もまったく違ってきます。

つまり、散髪するという労働は、我々が人間であるということから、人間同士の関係を良くし、コミュニケーションを高める価値のある仕事なのです。だから「散髪屋が労働すると経済が発達する」ということになります。

「老人福祉」は経済を衰退させる

ところが、政府が国債で借りたお金で福祉を進めたとします。ここでの説明は、差別とか人間らしさということを整理するのではなく、あくまで経済の発展という視点からのものですから、誤解しないようにしてください。

政府が福祉施設を造り、そこに80歳以上の人を収容してケアをするとします。このこと自体は「意味がある」仕事です。そして、ケアをして元気になった高齢者が仕事をして日本社会に貢献すれば福祉の仕事も経済発展に役立つのですが、ただ元気になったというだけでは日本社会にとって価値のある仕事にはなりません。

この問題は難しい上に誤解を招きやすいので、ほとんど議論されていません。人間はやがて歳をとり、仕事ができなくなるのですが、その人たちも日本人なのですから、ケアをするのは当然で、悪いことではもちろんありません。しかし、もし80歳の人の多くが路頭に迷い、道路を占有していると働く人も働けなくなります。だから大きな意味では80歳以上の人を国単位でケアすることは必要なのです。

でも、ダメなのです。

言いにくいことですが、定年制があるので高齢者は元気であっても働きません。だから、高齢者福祉に投じたお金は「さらに社会に役立たない」ということになるのです。著者自身がほぼ後期高齢者ですので、このように高齢者に対してもあまり遠慮せずにものを言うことができますので、ここはハッキリしておきたいと思います。

つまり、「経済だけ」「金目だけ」を考えれば「老人福祉」は経済をダメにします。老人福祉という仕事は「経済的には損失だが、人間としてしなければならないこと」というのが基本です。

しかし、状況によっては違うこともあります。日本人が、生産力もあるし、お金もあるのに必要なものすら買わないような場合（それはバブルが崩壊して今日までのことですが）でも、「ムダなことをしても経済が上向きになる」ということが起こります。

その典型的なものが「軍事費」です。

「軍事費」の矛盾

軍事費はぜったいにムダになります。軍事費というのは、戦争のために投入する費用なのですが、「軍事費を使っても戦争にならない」というのが最もいいのです。つまり、「戦争のために投じたお金だが、戦争がないのがいちばんいい」ということで、本来的に矛盾しています。

防衛を固めても外国が攻めて来ないと、使った防衛費は結果的に戦争に使わないのでムダということになりますが、それがベストだということです。

反対に、軍事を整えて戦争になると、戦争というのは破壊行為なので、何も生まないどころか損失を増やしてしまいます。だから、老人福祉より戦争のほうが経済へのダメージは大きいと言えます。

でも、これまでの世界の経済の動きを見ると戦争のあとは必ず好景気になります。それはなぜでしょうか。

答えは、もともと生産力もあり、お金もある場合、「ムダに使うので、余計に生産できる」からです。

つまり経済は、

① 価値のあるものを生産するのが最もよい
② 意味がなくても生産するほうがよい
③ 最も悪いのは節約して生産しないこと

ということになるのです。

だから、バブル後の環境投資や老人福祉政策は悪くはなかったのですが、当時はあまりに日本社会が沈み込んでいたのです。そのうえ、環境投資や老人福祉のやり方がケチケチしていて、次の投資や生産に結びつかなかったことが「悪い結果」をもたらしたのです。

第三章

「増税」は私たちに何をもたらすのか？

この章ではまず、よくテレビなどに出てくる「補助金」というのは「自分たちのお金とどのような関係があるのか?」「政府の予算はどういう状態にあるのか?」「際限なく増税される消費税というのは意味があるのか?」などに踏み込みます。これも「お金」を理解する上で必須の知識ですが、多くの経済専門家は政府の仕事をしているので、政府に遠慮して書かない内容が多いので、ビックリされることもあると思います。

しかし、現在では政府や自治体の使うお金は、私たちの人生に影響を及ぼすほど多額なので、自分のお金を考えるときにも避けて通れないのです。

1　税金が使いこまれる真相

増税で「財政健全化」は無理

さて、お金の本質を理解したところで、これまで政府が「増税」のたびに言ってきた「財政健全化」というのは、「増税では原理的に達成されない」ということを整理していきたいと思います。

政府、特に財務省はなにはともあれ、「自分たちが政府の各省庁に配るお金を増やしたい」と考えます。それは人間の自然な感情とも言えます。誰でも「お金に余裕があったほうがよい」と考えるからです。

もしかすると、明治時代のお役人のなかには自分のことより「国家の大計」を優先した人もいたでしょうが、現代ではそんな人はまずいません。多くのお役人は「日本のため」と言いながら、その実、自分の出世や天下り先を常に考えているものです。

「国の借金が1000兆円にもなる」「子供にツケをまわすな」など、NHKほか大手マスコミが報道した「国民一人あたり870万円の借金」という説明自体がウソで、「日本国には借金はなく、日本政府が日本の国民に借金している」というのが正確な表現です。

それでは、日本政府が国民に借金していて、それが1000兆円にもなるので、貸してくれている国民から「増税」というかたちでお金をとれば、政府の借金は減るのでしょうか。

このことを考えるとき、2つに整理する必要があります。1つは「根本的な道徳問題」として考えるということ。もう1つは「現実に借金を減らせるか」ということです。

まずは、「根本的な道徳問題」を整理してみましょう。

政府が国民から借金しているということは、「税金で徴収した以上に政府が使い込んだ」ということです。そのほとんどが「国債」という名前の借金証書です。国は戦争や特別なときに借金をしなければならないので、国債を発行することには問題がありませんが、借金ですから「返す当て」があることが求められます。

健全な社会というのは「善意の第三者」が「信じてもよい人を信じても損害を受けない」という状態でなければなりません。私たちの社会の秩序を守るために、民法などでも「善意の第三者を騙してはいけない」ということが明記されています。

ところが、特に国債の発行額が増えたバブル以後は、政府は「緊急性」もなく、「返す当て」もないのに国債を発行してきました。１９９０年以後、日本経済は停滞し、銀行にお金を借りに行く実業家が減ったので、お金を増やすために政府は国債を発行してきました。

つまり、緊急性があって国債を出したのではなく、単に景気を維持するために発行してきたのです。そんな理由で政府が国債を発行することは認められていません。

政治的な思惑が先行する、「燃料電池自動車」への補助金

次に、「現実に借金を減らせるか」について見ていきましょう。

政府が国債のお金を使うのは「政府の事業」ですが、政府の事業の94%が「収益を生まない事業」なのです。多くの人が政府の仕事としてすぐ思い起こすのは、「福祉」「教育」「補助金」などですが、これらの事業は収益性がないので民間がやらないので、政府がやるわけです。当然、収益はほとんどゼロです。

そのなかでも問題は、バブル崩壊から政府が多く支出してきた「補助金」でした。補助金というのは、本来は、「民間が行う事業で、採算が悪いので、最初の頃などは政府がその赤字を補塡《ほてん》することを目的として出すもの」です。つまり、世界的な競争力がないので、政府が補助するわけです。当然、収益が上がるはずもありません。

たとえば、「燃料電池自動車の補助金」を見てみましょう。燃料電池自動車の製作会社はトヨタ自動車のように巨大な超優良企業です。自動車会社が、自らの見通しによって「社会的に意味があり収益が上がる」から製作し、販売するのは当然です。

でも、膨大な補助金が出ているにもかかわらず、そんな高価な燃料電池自動車を買ったのは、全国の知事、市長などでした。

何でこんなに奇妙なことが起こるのでしょうか。

もし、燃料電池自動車が「将来に必要になる車」なら、それを開発するのは自動車会社であって、本来、政府は関係がないはずです。

さらに、燃料電池自動車には水素を使いますから、「水素ステーションがないことが普及を妨げている」という屁理屈が出てきます。

でも、今や誰でも持っている携帯電話も、売り出された当初は、ソフトも少ないし、修理の際も遠くへ送らなければならなかったのです。しかし、携帯電話自体が便利だったり、社会に役立ったりすることがわかってくると、次第にソフトの数も増え、修理店でも儲かるようになり、携帯電話そのものの普及を促進することになりました。

問題は燃料電池自動車が、現在のガソリン自動車より安くて便利かというところにあるのです。自動車は特殊な人を除いて「思想」で買うものではありません。燃料電池自動車は構造が複雑で部品点数が多く、電池の寿命が短く、資源も多く使いますから、環境に良いかどうかは学問的には不明です。

政治的な思惑が先行し、「税金を使いたい」という目的があって補助金が出ているものとしか考えられません。もし「交通」に税金を使うのであれば、高速道路や自動車専用道路をもっと増やして、児童と自動車の物理的な接触の機会を減らすなどして悲惨な事故を防ぐほうがずっと社会的に意義があります。

II　実際の政府予算の状態

借金地獄の30年――「利子」の支払先は金融機関

さて、お金というのは政府や日銀がつくるのではなく、ほとんど普通の町なかの銀行がお金を貸し出すことによって創造されるということは前に説明しました。このようなことが現実に行われているときに、前節の第2の疑念、つまり、「増税すると政府の借金が減るのか」という数字の問題を具体的に考えてみたいと思います。

まず、最も基本的なことですが、国民と政府の関係は、国民が税金を払い、政府が国民にサービスするという関係です（《図4》）。

図4　国民と政府の基本的な関係

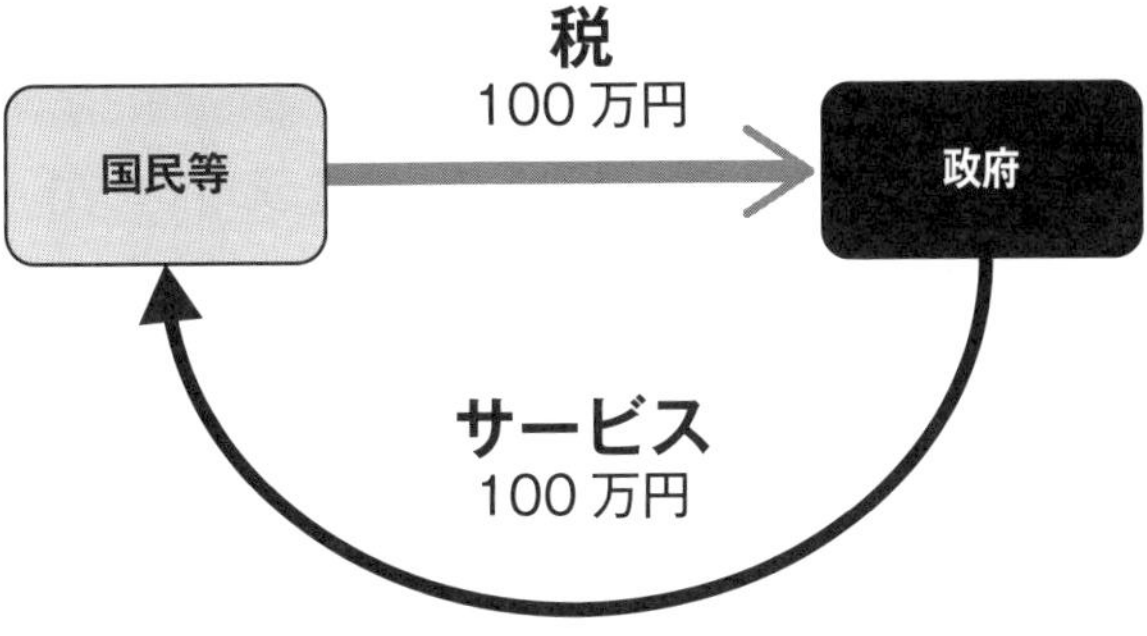

しかし、現在のような複雑な社会では、このような簡単な関係はすでに成立していません。

政府は常に自分が使えるお金が多いほうがいいし、国民は税金が少ないほうがいいので、健全な政府ではない場合は、「国債」などの「実質的に増税と同じ」手段を使って政府が使えるお金を増やそうとします。

明治時代には日本政府も真面目《まじめ》だったので、平時は予算でやり、戦争のときに国債を出して借金するということだったのですが、バブル崩壊の少し前から日本政府はダメになり、国債を出して使えるお金を増やそうとしました。

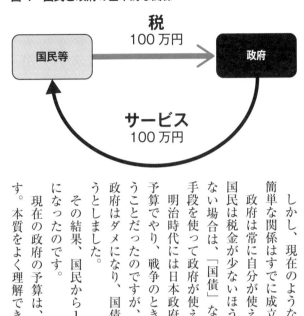

その結果、国民から1000兆円も借金をするようになったのです。

現在の政府の予算は、次頁の《図表5》のとおりです。本質をよく理解できるように、細かい数字ではな

図表5　平成20年代の日本政府の予算の概要

（兆円）

歳入	
税金	50
借金	50
合計	100

歳出	
政府の仕事	70
借金利払い	30
合計	100

く大まかに把握できるようにしてありますが、歳入（つまり収入）は税金が50兆円、借金（国債など）が50兆円で、合計100兆円です。個人で言えば、給料が50万円、借金が50万円で生活するようなもので、誰が考えてもこんなものは破綻するに決まっているでしょう。

日本は、こんな生活をすでに30年も続けているので、支出（歳出）のほうは、100兆円を使うのに、実質的に役立つお金はたったの70兆円、30兆円は「これまで借りたお金の利子」を払っています。

もちろん、借金をし続けているのですから、その利子を払わなければならないのは当然です。それも毎年、50兆円の借金をし続け、そのうち半分以上が借金の利子ですから、これではまるで借金地獄です。これでよく「頭が良く、誠実な人が運営している財務」と言えますね。

しかも国民の一人である著者が腹が立つのは、30兆円

（勤労者一人あたり年間約46万円）にも及ぶ利子のほとんどが銀行などの金融機関に支払われていて、国民は銀行から０・１％にも満たない利子をもらうに過ぎないことです。

政府や銀行が意図的に国債を発行して銀行を救ったということはまだ明らかにはなっていませんが、１９９７年（平成９）前後に北海道拓殖銀行や山一証券が破綻し、銀行などの金融機関は苦しい状況にありました。

そのときに、政府が「国債をドンドン出して国民のお金で利子を銀行に払い、その利子で銀行の店舗や人員の経費を補って銀行がつぶれないようにしよう」と計画した可能性も高いように思います。

銀行を助けるための増税

たとえば、次のようなシナリオも考えられます。

バブルが崩壊して景気が低迷し、さらに「もったいない」に代表されるシュリンク政策がとられるなか、銀行などの金融機関がその店舗や従業員を保持するのは難しくなることが予想されました。あわせて、バブル崩壊の後の１９９０年代は「年金崩壊」という大事件が報道され、人々は不安になりました。

日本の政府は、古くは「天皇親政」だった奈良平安の時代、鎌倉幕府から江戸時代まで、いずれも「国民重視のお上《かみ》」でしたから、日本人は政府を信用し「老後は政府が準備している年金で暮らしていける」と信じていたのです。

ところが、当時人気者だったみのもんたさんのテレビ番組などで、繰り返し社会保険庁のひどい状態が報道されました。次いで、５０００万人にのぼる年金の記帳漏れなどの不祥事が続きました。

さらには、厚労大臣のような当事者までが「将来は少子高齢化になるから年金の維持が難しい」などと発言するに至って、将来が不安になった国民は「節約してお金は使わないようにしよう」という気分になったのです。

「環境問題」と「節約ムード」、それに「年金不安」と続けば、消費が停滞するのは当然です。

消費が停滞すれば工場の生産量は減らさなければならず、新製品はもちろん画期的な製品も出にくくなってきますので、工場の新設などは進みません。結果的に、銀行の貸出量は減ります。事実、バブルのあと、銀行の貸出料は大きく減りました。

そうなると、銀行がお金をつくり出すことができなくなるので、企業に代わって国家が銀行から借金をしてお金を増やさなければなりません。そして、その利子で銀行がかろうじて生き残るという戦略をとった可能性があります。つまり、「銀行を助けるために政府が実質的に増税を行った」とも言えるのです。

こんなことが許されていいのでしょうか⁉

もともと政府は国民が認めた範囲の税金で仕事をするのに、なんとでも理由はつきますから、「環境のため」という名目で仕事をつくり出し、赤字国債を発行し、それを貸し手がないのでお金が余っている銀行に買ってもらい、銀行に利子を払う——。銀行はその利子を店舗の運用や社員の給料に使い、預金者には金利が0・01％（ゼロとほぼ同じ）にしてきたとも言えるのです。

次節で整理しますが、国債を発行して利子を国民から取って銀行に渡し、さらに銀行が持っている国債を買い上げるために、さらに消費税を増税したというのが現実です。しかし、すでに出した国債を増税で減らしていくことができるのでしょうか。それを次に整理し、解析してみます。

III 「国債」は増税では減らせない

現実性のない「赤字解消」の増税政策

民主党（現・民進党）が政権を取っていた頃、野田佳彦首相が「国債を償還し、子孫にツケをまわさず、社会保障を充実するために消費税を増税する」と言って法案を提出し、次の安倍晋三首相の時代に、5％だった消費税を8％まで上げました。

本当に、発行した国債を減らすための増税は意味があるでしょうか。

次頁の《図6》は、

図6　増税して20年で国債を返すという計算での政府収支

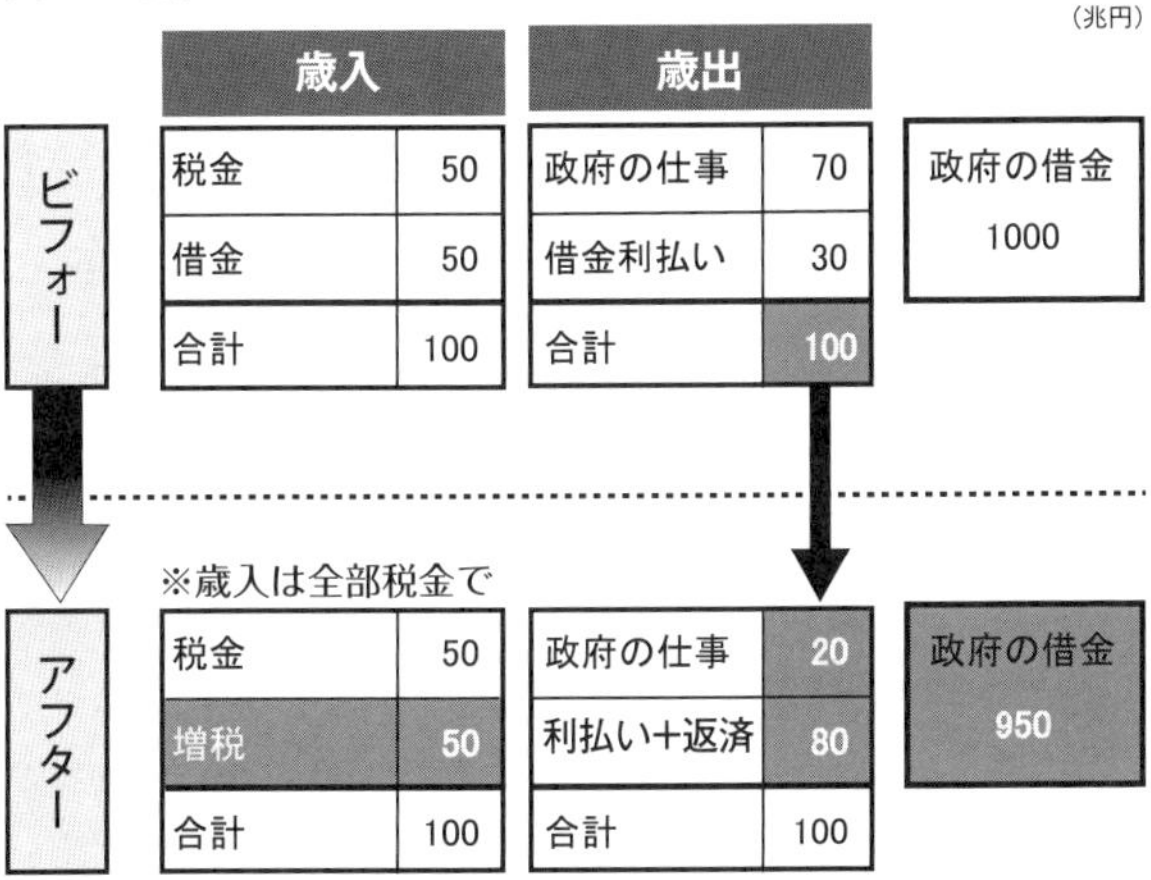

	歳入		歳出		
ビフォー	税金	50	政府の仕事	70	政府の借金
	借金	50	借金利払い	30	1000
	合計	100	合計	100	

※歳入は全部税金で

	歳入		歳出		
アフター	税金	50	政府の仕事	20	政府の借金
	増税	50	利払い＋返済	80	950
	合計	100	合計	100	

① 現在の国の借金1000兆円（国債など）を20年で返して借金のない政府予算を実現する

② そのための財源として消費税を25％にする（消費税税収が50兆円）

③ 借金財政から脱却するために新たな国債は発行しない

とした場合の収支を表したものです。

まず、現在は政府収入が、税金で50兆円、国債（借金）で50兆円ですが、国債の代わりに増税で50兆円をまかないます。

次に支出ですが、現在は70兆円を政府の「福祉」「教育」「軍事」「公共事業」に向けていますが、それが20兆円に減り、80兆円で国債の償還（返すこと）と残った利子の支払いを行います。

「増税して政府の借金を返す」ということはこういうことです。少しビックリする内容ですが、事実ですから仕方がありません。

まず、消費税を現在の８％から25％にすることが可能でしょうか。今でも５％を８％にして大きく景気が後退しました。それは当然で、今まで９５００円のモノを買って５００円を税金として納めていたのですが、消費税が８％になると９２００円の買物しかできないのです。国民の買う意欲が同じ場合には、買うものの量が３％減少し、企業の売上げも３％少なくなるのです。

政府にはそれまでより３％だけ余分なお金が入りますが、それは借金している国債の利子に使われ、銀行に行くだけです。景気の回復にはなりませんし、ましてそれで「社会保障が充実する」などということはあり得ません。

25％の消費税増税はあり得ないと思われますが、そうでもしないと政府が国民から借りた借金は返すことができないのです。

でも、消費税増税より非現実的なのは政府支出のほうだと思います。

今は70兆円が政府の仕事として支出され、国債の金利の支払いは多いと言っても30兆円ですから、なんとかなっていいます。

でも、本格的に借金を50年で返すということになると、年間の国債費が80兆円になり、その結果、政府の仕事に使えるお金は20兆円になります。

政府の仕事に使えるお金が現在よりもっと少なくなるのですから、福祉どころか教育費や軍事費もままなりません。

第一、このように支出を削減しようとしても、政府が支払っている人件費や定期的に払わなければならないお金（「硬直化した財政」とも言います）があります。これらの支払いでお金はなくなり、福祉費はゼロ、教育費はゼロ、軍事費はゼロになります……そんなことができるはずがありません。

このように歳入の面でも、歳出の面でも、「20年以内に政府の赤字を消すために増税する。増税するので社会保障も充実する」と言う野田前首相、安倍現首相の方針はまったく現実性がないことがわかります。

著者はこの図表を経済に詳しい友人とともに検討しながら作成したのですが、でき上がった図表を見て、二人で「なんだ、これは！」と叫んだものです。そんな図表ですが、まだ甘くとらえているところがあります。

それは、消費税を増やすと景気が悪くなり、企業からの法人税は減るし、個人の所得も少なくなりますから、税収全体では消費税分だけ増えるどころか、かえって減ってしまうことすらあるのです。

いったい何のための増税なのか

バブル崩壊の直前、日本政府は消費税という新しい税制を開始しました。このとき、かなりの反対があり、「3％などと言っても、消費税というものは政府が税率を決められるので、次第に上がって歯止めが利かなくなる」と言われました。その危惧《きぐ》は当たり、その後、5％、8％と上がっていきました。

消費税だけの税収は最初（3％のとき）は5兆円ぐらいでしたが、5％に税率を上げたので10兆円ほどになり、さらに8％にしたので18兆円ほどになりました。消費の量にもよりますが、消費税1％あたり約2兆円だけ税収が増えています。

ところが、消費税を上げると景気が悪くなるので、そのほかの税収が減ります。バブルとバブル崩壊がありましたから、あまり細かく分析しても意味がないのですが、消費税がなかったときにも消費税を含んだ税収は55兆円、そして消費税を増やしていくと税

図表７　消費税を上げたら税収は増えたのか？

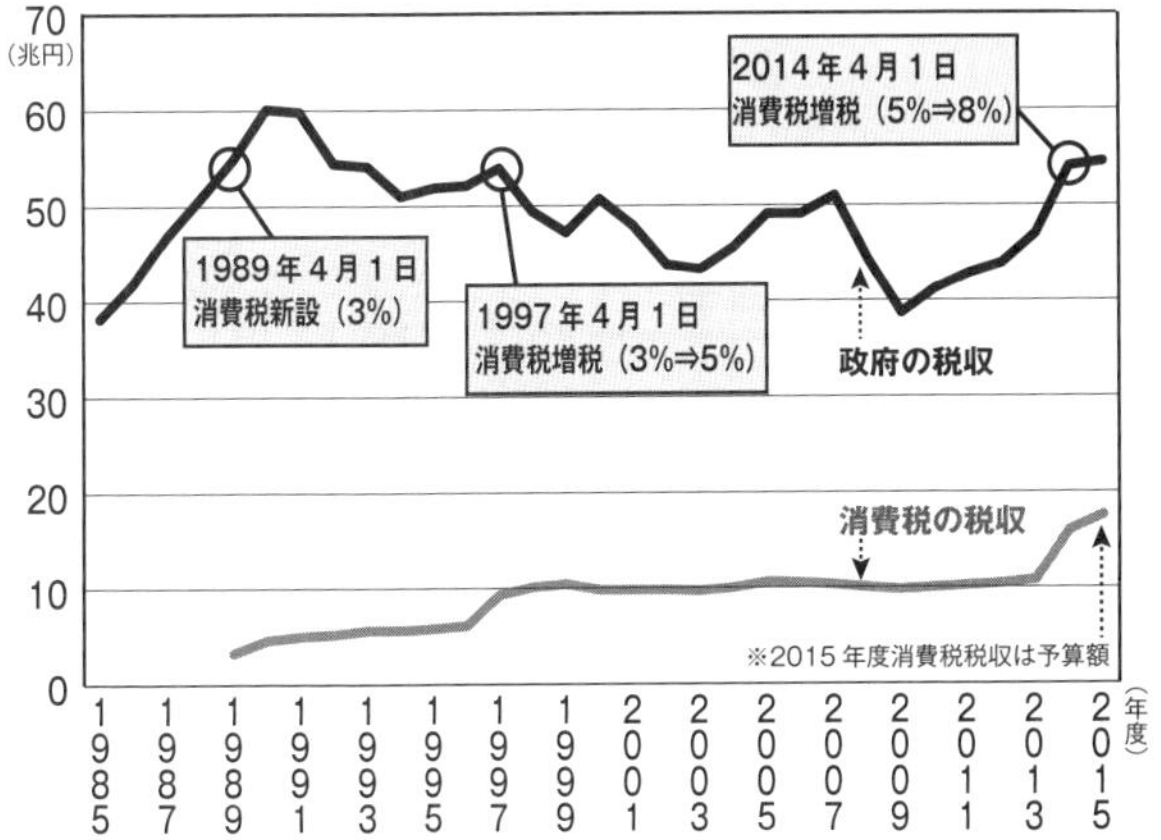

収が減っていき、８%にした段階でも税収はやはり55兆円ぐらいです（《図表７》）。

消費税の歳入が増えても税収全体では増えないのです。いったい何のための増税なのでしょうか⁉

国民から見ると、所得税率や地方税などは変化せず、消費税が増税されているのですから、総収入から差し引かれる税金は高くなるばかりです。

バブル崩壊のあと、日本国民は、

①　賃上げはほとんどない
②　消費税は上がる
③　所得税は同じ比率でかかる
④　銀行の預金金利は、ほぼゼロ

という四重苦に喘いできました。

特にひどいのは、月収をもらい、従来どおりに税金を引かれ、「税金を払ったあとに残ったお金」でモノを買うと、さらにそれに消費税をかけられるのですから、二重、三重に税金を取られるようになったのです。

そのような状態にいる国民に対して、現実的ではない「消費税を上げて借金を返し、社会福祉を充実する」というようなウソをよく言えるものだと思います。

Ⅳ　税金の使い方への深い恨み

庶民の嘆き「年金は誰のもの？」

人間は論理でものを考えることができる動物ですが、同時に感情に流されるところもあります。現在のように自分で働いて得たお金に何重にも税金を課せられているのですから、取られた税金が正しく使われないとやりきれない気持ちになるのも当然です。

著者は、２００７年（平成19）に防衛省の守屋《もりや》武昌《たけまさ》事務次官が収賄で逮捕されたとき、まったく別のことである学生に注意をしました。何を注意したのか詳しくは覚えていませんが、その学生は真顔で「事務次官が収賄しているのに、何でボクがそんなことで注意されなければならないんですかっ！」と反撃してきたのです。

もちろん、事務次官が収賄をしたからといって国民が悪いことをしてよいということにはなりません。でも、この反撃は学生にはありがちの理屈ですし、論理としては矛盾しますが、気持ちとしてはわかります。

先生が学生に注意するというのは、将来学生が立派な人物になるためのものですから、その頂点にいるような事務次官が収賄で逮捕されるなら、学生が注意を受ける理屈はないということです。

教育を担当する立場としては、「上の人は立派でいて欲しい」と思いますが、そうでもないのです。

守屋事務次官の事件より少し前に、年金に関する不祥事が連続的に報道されました。当時は社会保険庁という役所があり、そこが年金を一元的に管理していたのですが、不明金が多かったり、徴収漏れがあったり、使い方が雑だったりと毎日のようにテレビが報道していました。

そのうち、社会保険庁や厚労省の年金の責任者の天下り状況やその金額が明らかにされ、国民は二度、ビックリしたのです。

たとえば、年金局長から事務次官を経て天下りした人は、年金福祉、社保協会連合会などに在職し、天下り先だけで3億5346万円をもらい、同じく年金局長、社会保険庁長官、事務次官を経て天下りした人は天下りのあと2億4339万円を得ています。

わずかな給料から年金の支払いをし続けてきた庶民からみると、年金関係の機関から一人が3億円以上、続いてもう一人が2億円以上の報酬を受けていたことを知って、「年金って、いったい誰のためにつくったものなの?」とやるせない気持ちになったのは当然だと思います。

そんな状態で年金が運用されているのに、「少子高齢化で年金が崩壊する」と言われてもにわかには信じることができません。まずは年金の徴収や管理をしっかりやり、運用で失敗しないようにする。厚労省関係の人が天下りして何億という退職金をもらうということを止めることです。その上で、年金の運用が苦しいというのなら国民も協力しようというものです。

お役所仕事にみる、不能率なお金の使い方

さらに、2017年(平成29)の1月と3月に二度の処分を受け、5月には獣医学部

の新設問題で話題になった文部科学省の事務次官は、「出会い系バー」という売春まがいのところに一週間に3回から4回も通い、警察に内定されてばれるということがありました。

文部科学省が持っている学校の認可権限を知らない人は、「社会人なんだからそのくらいはいいんじゃないの？」と思う人もいるかと思いますが、実は学校を新設するときに文部科学省が認可の権限を持っていて、その認可の中身を見ると、「学校の周りに風紀を乱すような施設はないか」「子供が自由に運動することができるか」「図書館など人格を磨く施設が規定どおりあるか」などが含まれているのです。

自ら事務次官が出会い系バーに通い、認可権限を行使するということになると、その矛盾は大きなものです。正当な評価が行われず、それで権限が発揮されるような場合には、申請側は尋常な方法では認可が得られないと考えて、さらに収賄などに発展することがあるのです。

当たり前のことですが、防衛省の事務次官、文部科学省の事務次官などは、命を捨ててでも日本を守ろうとしている自衛官や、倫理的な行動を求められる教員などより、さらに上の人格が要求されるのは当然で、このようなことが連続する社会で、徴税や増税の納得が得られないのも理解されます。

もちろん国や地方自治体のお金の使い方には、これらの事件ばかりではなく、多くのことがあります。たとえば市役所の仕事を見ると、民間では一人でやる仕事を2、3人が集まってやっています。これは間違いが起こると市民から文句を言われるということが原因していますが、それでも不能率なことには違いありません。

また、地球温暖化の問題が起こると県庁でも市役所でもその担当を置いて地球温暖化対策を始めます。これも本当に必要と思ってやっているのではなく税金の消費のために担当を置いているのではないかとさえ思われます。

というのは、もともと温暖化対策を政策として進めているのは世界広しといえども日本だけです。温暖化対策はアメリカや中国が実施して初めて効果があるもので、「私に何ができますか？」というお決まりの問いかけをされれば、温暖化のように大きな問題は個人で解決することはできず、まずは国家間の約束が優先すると言わなければなりません。

だから、市役所は「大切ではありますが、市役所のやることではないので」と言えば済みますが、最近は仕事が減っているのに人は解雇できないので、仕方なく担当を置いているというところが実情ではないでしょうか。

本著では「お金」の問題を扱っていますが、民間が銀行から借りるお金や政府が国債を発行して借金する問題などが最も重要です。でもそれらのことを整理したり議論したりするときの根本に横たわるのは、「誠実である」ということです。

その意味で、税金や国債のお金の使い道が明朗ではないということが経済の本を読んでわかりにくいひとつの原因になっています。

第四章

お金に不自由しないために知っておくこと

この章は、本著の中心となる部分で、読者の方が、個人で「お金で損をしないこと」「豊かになること」を経済の〝本質〟から整理したものです。

すでに、「これまで働いた分を返してもらうこと」「給料を2倍にすること」「増税を食い止めなければならないこと」が判明しましたが、次には、持っているお金をできるだけ有利に増やし、かつ大損をしないようにしなければなりません。

そのためには、経済の基本となる「労働と株価」のようなことと、お金を増やす細かいノウハウ、考え方をマスターする必要があります。

いよいよ本丸です。

――「経済」＝「労働」

「イスラム教」は経済を知っている〝合理的〟な教え

経済というのは、労働するということです。だから、イスラム教でも働かずにお金をもらうこと、つまり「不労所得」は禁じられています。たとえば、イスラム教の社会では「利子」は禁止されていると言われます。でも、そう単純なものではありません。

お金を貸してもそれが正当な利子の範囲なら許されますが、「高利は許されない」ということです。お金を貸すのに必要な利子は取ってもよいのですが、自分が使わないお金を持っているからといってそのお金を貸して「自分は働かずに利子所得で生活するのはダメ」ということです。

このことは経済の本質を突いています。

銀行のようにお金を運用するのはそれなりの経費がかかります。店舗も行員も必要ですので、最低の費用、つまり自分（行員）たちが生活するためのお金を利子に含ませるのは正当です。

でも、それを越える高利はいけないとイスラム教は教えています。実に経済を知っている合理的な教えと言えるでしょう。

世界中で起きているテロなどの印象から、「イスラム教は過激だ」と言う人がいますが、それはヨーロッパの考えに影響されているだけで、イスラム教の教えは実に現代的で合理的なのです。

イスラム教にはお坊さんや神父さんのような中間管理職はいませんし、もともと、神様と人間の間には何もないのが当然です。さらに、イスラム教の寺院を「モスク」と言いますが、モスクに行くと祭壇も偶像もなく、実に質素で閑散としています。ただ、「信心」だけが大切というわけです。

また、イスラム教は他の宗教、たとえばキリスト教のように神父が結婚しないように、神父のセックスを忌み嫌うことはしません。もしキリスト教や仏教のようにセックスを汚れたものと考えていたら子供が生まれないので、もともとこの世はないことになります。「イスラム教の教え」についての誤解は多いのですが、むしろいま挙げたような不合理なことをしている他の宗教のほうがおかしいと思います。

一見して、経済に関係がないように見えるイスラム教のことにここで触れたのは、イスラム教の労働と経済の関係は正しいからです。

つまり、経済というのは、お金を回すことでもなく、経営でもなく、「労働」だからです。

「株」は100年単位で考えるもの

その証拠を日本とアメリカの例で示したいと思います。

次頁の《図表8》は、1878年（明治11）に日本に株式取引所が開設されたときから現在までの日経平均に相当する株価の動きをプロットしたものです。株価は最初、数円からスタートして徐々に高くなり、第一次世界大戦の頃に若干バブル化して80円程度まで行き、そこでバブルが崩壊します。

図表8　日本株130年間の超長期チャート

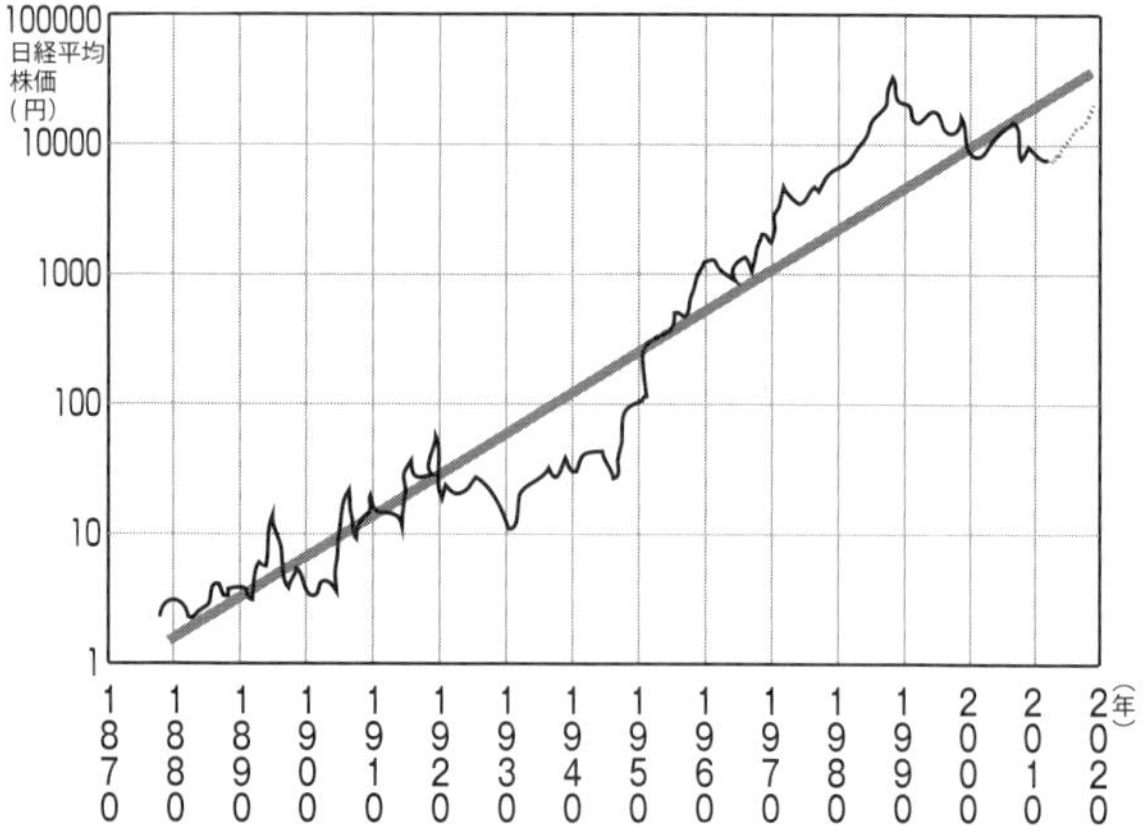

そして、「関東大震災」のあと、アメリカの「ブラックマンデー」という大恐慌が来るという散々な時期がありました。その結果、株価は低迷し、大東亜戦争の直後には30円ぐらいに下がっていました。

もし、明治のはじめに2円で株式を購入した人は、約40年後には80円で売れたのですから、40年で40倍です。これは総合利回りで約10％にもなります。でも、逆に第一次世界大戦後に80円で買った人は、それから30年後に30円で売ることになったわけですから、大損したということになります。

だから、株は「得をすることもあれば、損をすることもある。それは労働によって価値のあるものを生み出すのではなく、買ったり売ったりするだけだから当然だ」と普通は考えられています。つまり、短期間の株価の動きだけを見ると、経済はお金のやりとりのように見えます。

でも、それは違うのです。

戦争のあと、30円だった日経平均は、その後の朝鮮動乱から高度成長があり、オイルショックの前には実に7000円（27年間で23倍）にもなっています。石油ショックで一時、株価は低迷しますが、すぐに持ち直し、1990年（平成2）の前には3万8000円までになります。

そして、バブルが崩壊して、日本の株式としては第一次世界大戦後のバブルの崩壊後の40年間と同じく、ほぼ30年を経過した今でも2万円あたりをウロウロしています。

大きく見れば日本の株価は30年から40年間の間は上昇し、また30年から40年間は2分の1ぐらいに下落するという傾向であることがわかります。経済は「適当な水準にある」ということは少なく、人間の心理が働きますから、行き過ぎたと思ったら調整するということを繰り返すのです。

でも、さらに大きな目で見ると、1880年から2020年ごろまでの140年間に、株価は2円から2万円になった（1万倍！）ということになります。平均した利回りは年率に直すと、7%であることを示しています。

7%‼ そんな高い貯金や預金はありません。

実は、株は100年ほど持っていれば平均として7%の利回りを取れるきわめて高い利子がつく優れた財産運営なのです。

でも、悲しいかな、人間にとっては100年は長すぎます。普通なら10年も株を持っていたら途中で売ったり買ったりしたくなります。株に一所懸命な人は毎日、株の値段に一喜一憂しているのが現実なのです。

株は100年単位で考えなければならないのに、毎日気になるのですから、その結果「損をしたり得をしたりする人がいる」ということになるのです。

「自由で明るい労働」が経済発展の原動力

それではアメリカの株価の結果を見てみましょう《図表9》)。

アメリカの株価では1929年のブラックマンデーをどう見るかによって、若干の違いはありますが、グレーの実線は年間の平均利回りが4%のラインですので、ブラックマンデーの高いときと現在の高いときをとると4%、ブラックマンデーで暴落したとき

図表９　100年間のアメリカの株価の推移

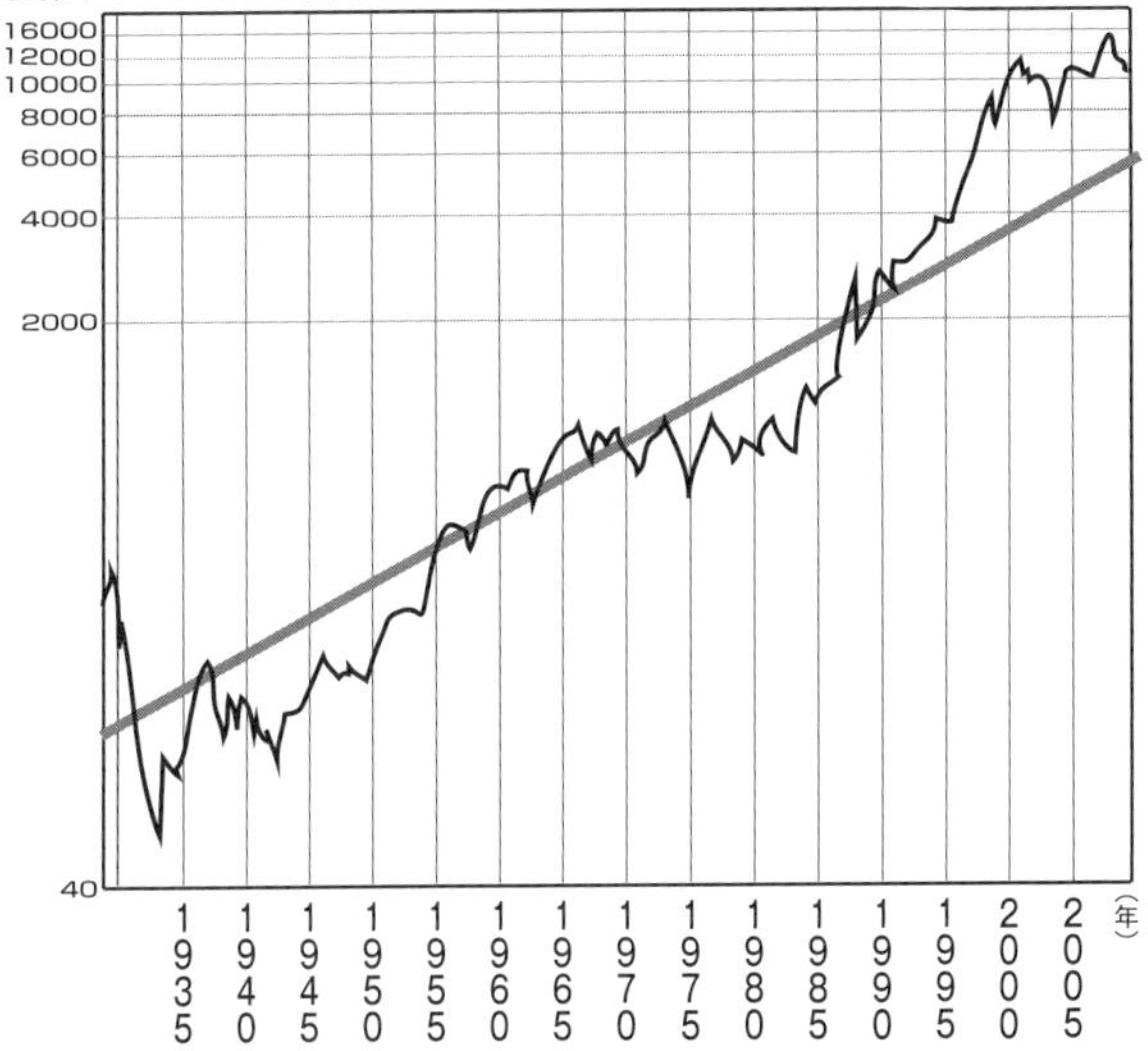

に株を買った人は日本の株の利回りと近くなります。

アメリカでも、「ブラックマンデー」や「第二次世界大戦」、そして「リーマンショック」という大きな事件はありましたし、１９３０年台から１９６０年代までの高騰期、１９６０年から１９８５年までの停滞期などがありますが、やはり30年ぐらいの間、株価が上がると、次の30年ぐらいは停滞するということを繰り返しています。

日本とアメリカのこのような長期的な株価の動きをどのように解釈したらよいでしょうか。

株価というのはその国の産業活動の価値の総和のようなもので、それに物価を加味したものです。つまり、ある会社の発行している株をすべて買えば、その会社を完全に買い取ることになりますから、会社の価値そのものということになります。

そして、「日経平均」などの株式の指標は、その国の株式の平均値をできるだけ正確に出そうという試みですから、結果的に「その国の産業活動の総和の平均」ということになります。

だから、企業の価値が上がると日経平均も上がりますし、物価が上がれば日経平均も上がります。ただ、物価は株価でもお米でもなんでも同じように変化しますから、「円」や「ドル」という単位のお金で考えるときには、「価値と物価」で「現実的な価値」を示すことになります。

つまり、株価は「企業価値」です。日本の場合、年率7％、アメリカでは年率4％で増加してきたことを示しています。それも複利計算ですから年率7％で倍々ゲームのように企業価値が増えているということになります。

これはある意味で当然とも言えます。経済の本質は労働ですから、優れた労働を続ければそれだけ価値が上がります。そして、企業では高齢になった人には定年で退職していただき、新しく若い人を採用しますから、平均年齢はそれほど高くはなりません。

つまり、人を入れ替えながら仕事を続けるというシステムですから、老化せずにずっと収益を上げ続けるということです。

経済を活発にして、生活を向上させるには、何をおいても「質の良い労働」にすることが重要なのです。その点で、「計画どおりのことをする」ことを基本とした共産主義が資本主義に敗れたのも当然で、「自由で明るい労働こそが経済発展の原動力である」ことが、このような事実を整理することでも理解されます。

II　お金は腐る⁉

「物価」と「米の値段」

私たちが貯金するときには「せめて物価の上昇する分だけの利子があれば」と願います。でも、それは叶わぬ夢なのです。そして、そのトリックは「物価」という日本語にあります。

「物価」と言われるものは我々の生活感覚とは異なるまったく別の数値……、どちらかというと政府や企業にとって便利なものとしてつくられていて、庶民が頭に描く物価である「生活のための物の値段」とは似ても似つかぬものなのです。

まず、普通に使われる「物価」について整理してみます。

物価は普通、日本の代表的な商品をピックアップして、その平均を取り、年々、どのように変わっていくかで計算されます。たとえば、米10キログラムは1940年には3円、1960年には870円、そして、1980年には3200円という具合に、農林水産省や日銀などの権威あるところが物価として発表します。

それを聞いて、ある会社の社長さんは「せめて従業員には米を自由に買える給料を渡したい。だから米10キロの値段として日銀から公表される物価にスライドして給料を決めたい」と言ったとします。大変、従業員思いの社長さんのように見えますが、実はこれは難しいことなのです。

物価を計算するときに、米10キロの値段をどうやって出しているのでしょうか。

米10キロといってもいろいろあります。かつては「配給米」というのがあり、また「農林○号」などと呼ばれるお米もあり、さらに最近では美味しいアキタコマチ、コシヒカリなどがあり、米の種類は千差万別です。

物価計算の原則の第一は、「できるだけ同じ物の値段の変化を整理する」というもので、これは納得性があります。でも、技術革新のスピードが遅く、昨日と今日はほぼ同じ、今日と明日もほぼ同じという場合はそれでよいのですが、現代はまったく違います。40年前は自動車は高値の花でしたが、現代では、日本の地方に住む人などは車がなければ生活ができません。20年前には誰も携帯電話を持っていませんでしたが、今は携帯なしの生活をする人は変人扱いされます。

多くの人が「農林○号」を食べていた頃には、米は貴重なものでしたし、いつもお腹が減っていたので美味しかったのですが、日本の生活が向上して裕福になり、食料がスーパーの売り場にあふれるようになりました。パン食も増えました。それに伴い米の消費は少しずつ減り、高級化して、今では高級米のコシヒカリを食べるのが普通になっています。

このような社会では、本来、物価の計算はどうするべきでしょうか。

「血の通わない物価」と「血の通った物価」

これまでは、物価というものは同じ物がどのぐらい値段が変わったかを冷静に見る尺度でした。

ですから、「あくまで農林○号で計算しなければならない。もし農林○号がなくなったら、なくなる前の年の農林○号とコシヒカリの値段を比較し、それにスライドさせる。あくまでも物価は同じ物同士を比較しなければならない」とされていました。

これはこれでもっともな考え方です。

反対に、「いや、それは実体のない物価というものだ。社会は年々、進歩していく。みんなが農林○号を食べているときには農林○号の値段で物価を計算してもいいが、みんながコシヒカリを食べているのに、自分だけが農林○号というのはいかにも惨めだ。だから物価には技術進歩や社会の標準を入れるべきだ」とも言えます。

物価計算には、「コスト評価法」や「インピュート法」などがあり、計算するにあたって新しい製品と古い製品の品質や性能の差を補正する場合もあります。でも、この方法は根拠がハッキリしないので日本人の性質に合わないところがあります。日本では食品やサービスなどにインピュート法が使われていないので、昔の米と今の米の美味しさが違っていてもそれとは無関係に物価指数が決められています。

つまり、ひと言で「物価」と言っても、いわば「血の通わない物価」と「血の通った物価」があるという感じです。官僚的な政府なら「血の通わない物価」を公表しますし、「国民を大切にする財産局」であれば「血の通った物価」を示すでしょう。それがどのぐらいの差を持っているかをもうひとつの要因で考えます。

「江戸の暮らし」と「現代の暮らし」

学校を出て会社に就職し、四畳半の小さな下宿に住むようになり、初任給は2万円でしたが、それでも世間と比較したら少しはましな給与だとします。毎日、会社が終業すると下宿の傍のメシ屋に入り、蠅帳《はいちょう》（食品保護具）の棚に置いてあるおかずを取り、おばさんがよそってくれるご飯とみそ汁をかき込む、そんなサラリーマン生活です。

若者が多いそのメシ屋にいつも来る年配の紳士がいて、身なりはキチンとしているし、年格好も50歳を超えているとしますと、みんなは何でそんな人がこのメシ屋に来るのだろうといぶかしく思います。

確かに、このメシ屋でも不満はありませんが、それは若いからでもあります。長年、会社に勤め、それなりに重要な仕事をするようになっても若い頃と同じメシでは夢がない……と考えるのが世間というものです。

つまり「血の通った物価」とは、次の要素を加味しなければならないことになります。

（イ）時代と共に同じ物の値段が変わること

（ロ）時代と共に社会が変化し、生活自体が変わること
（ハ）人間は「歳相応《としそうおう》」の生活がしたいこと

このうち、インフレになったり、全体の物価が上がって値段が上がるのは上記の（イ）だけです。

次に、農林○号がやがてそれより美味しいコシヒカリに替わり、多くの人がコシヒカリを食べるようになると、コシヒカリを「普通」ランクにしなければなりません。

お米は美味しくなる、電車通勤は快適になる、テレビ映像は美しくなる……その恩恵は等しく国民が享受することになるのですから、堅苦しく言えば「国民は、自分たちが努力してもたらした進歩の恩恵を受ける権利がある」ということを前提とした物価計算が求められます。

これが（ロ）に当たりますが、現在の日本の物価指数の計算には入っていません。経済を発展させたいという方針を政府は持っていますが、それは国全体のことであり、その恩恵が国民に及ぶかどうかについてはあまり関心がないということです。

たとえば、今から２００年前、日本は江戸時代で、普通の人がどんな生活だったのか、

大工さん夫婦と子供1人という家庭の支出を整理してみました。

家賃が銀貨120匁《もんめ》、米354匁、必需品（塩、みそ、醤油、油、薪《まき》）700匁、道具や家具120匁、衣服120匁、交際費100匁です。全部で約1500匁の収入のうち、実に1000匁を超える出費が食費に使われていて、エンゲル係数は60％を超えていました。

米とみそ汁で食事を取り、おかずは少ししかない。庶民は長屋に住み、簡単な引き戸を開けると小さな土間があり、その奥に部屋は1つ。台所や洗い場は裏庭兼用で半分は外という具合です。水は井戸だから自分の力で汲み上げ、暗くなればすぐに寝たから水道代、電気代はほとんどゼロでした。

実は著者の子供の時代もこれとほぼ同じようなものでした。当時の生活費は月1銭程度でしたから、それに物価スライドをして「現在でも月5000円で生活できるはずだ」と計算されたらたまりません。

次に、「歳相応」の向上した生活の設定です。人間は歳をとりますが、50歳になって自分が20歳のときと同じ生活レベルでは辛いものです。若いときはなんでも楽しいし、なんでも美味しい。かつては箸《はし》が転がっても笑った女性も今は落ち着いた年配の女性になっています。

給与をもらう会社員はベースアップというのがありましたが、それは、若い独身のとき、新婚ほやほやで2人だけの生活のとき、若い夫婦と子供2人のとき、そして子供を東京の大学にやり授業料と下宿代の面倒をみなければいけないとき……、それぞれの時代、世代で出費は異なりますが、生活は少しずつ向上するものです。

つまり「人に優しい物価指数」とは、物価そのものの上昇分に、「社会の進歩」、さらに「一人の人間が歳をとっていくこと」を加えたものでなければなりません。

でも、そんな統計は日本にはありません。そもそも経済学は、人間を「モノ」として見る傾向があるので、経済学の本に「幸福」とか「人の一生」などはあまり出てきません。

結局、どうやっても「年金」は崩壊する

そこで、本著でモデル計算をしてみました。

1960年から2000年までの40年間をとり、物価指数、生活レベル、そして歳相応の向上を加味して「人間としての物価の変化」を算出してみたのです。

まず物価そのものは、2000年を100とした指数では、18・6から100へと変化していますから年率4・3％になります。これは公的資料にも示されています。でもこのままスライドした給料の場合では、いつも40年前の生活しかできないので、エアコンも自動車も携帯電話も、下手をすると新幹線にも乗れないということになります。

次に、社会の進歩を「賃金の定点観測」で試算しました。規模が一定、年齢が一定のサラリーマンの標準給与の変化ですが、40歳、妻と子供2人の家庭の場合、本給と家族手当、通勤手当、住宅手当などを含めて賃金は2000年を100とした指数で1960年は5・4ですから、これは年率7・6％ということになります。

最後に、20歳代の若者で単身の人の標準的賃金と、50歳代の子供2人を大学に出している人の賃金を比較します。前者が23万円、後者が46万円ですので、1歳ごとに2・3％の上昇という実績です。

つまり、（4・3）＋（7・6）＋（2・3）＝14・2という計算になりますが、賃金の定点観測のなかには単純な物価指数が入っていると考えたほうがいいので、物価上昇が4・3％なので、社会の豊かさの上昇分は7・6から物価上昇分を差し引いて3・3が正しいでしょう。そうすると、3つの合計は9・9％、つまり年率約10％になります。

年率10％ということで、逆にいうと、10年前の100万円は10年後に260万円になるということで、10年経つと38万円に減ってしまうといってもよいのです。

これをまとめると、

（イ）単純で非社会的・非人間的な物価上昇……4・3％
（ロ）社会の発展による換算物価上昇……3・3％
（ハ）人間の歳相応の生活による換算物価上昇……2・3％

となります。

整数部分が、「4」「3」「2」で、小数点以下はすべて「3」なので覚えやすいでしょう。

つまり、政府から発表される「物価」は血が通っていないので、国民には関係のない物価と思ったほうがよいのです。もし「目減りのしない貯金」を考えるなら年10％ということになり、現在の状態ではまったく非現実的と言えます。

経済学の本を読むと「お金は腐らない」と書いてありますが、お金自体が腐るか腐らないかということを考えてもムダで、10年前の100万円は、10年経ったらその価値が3分の1になる、つまり、実質的に「お金は腐る」と思っていないと、とんでもないことになります。

このようなことからもわかるように、社会保険庁の不祥事で明らかになった「年金の破綻」は原理的なものであることがわかります。

現在の日本の年金は、ほぼ「積立型」と分類できるもので、若いときから年金を積み立て、それを65歳か70歳になって受け取るのですが、日本の平均的な物価の上昇は実質（人間的な物価上昇率）10％にもなるのですから、とうてい運用益ではまかなうことなどできません。

本当は賦課型年金と呼ばれる「現在現役で働く若い人が年金を拠出し、それを高齢者が受け取る」というシステムでなければ現実的には無理なのですが、これも日本国民のエゴ（自分が払った分をもらいたい）で現実の制度にするのは難しく、結局、どうやっても年金は崩壊するのです。

Ⅲ　銀行預金より儲かるものは？

運用益を10％以上にするものはない

さて、前節で物価は実質的には年率で10％も上昇すること、年金が積立型になっているので、若いときに年金を拠出しても、自分が高齢者になったときには実質的に役に立たないぐらいの年金しか受け取れないということがわかりました。

それなら、今、自分が持っているお金をファンドとか株に投資してその運用益を10％以上にしないとならないのです、そんな方法があるでしょうか。

まず「貯金」（銀行なら「預金」と呼びますが、一括して「貯金」と書きます）ですが、現在の銀行の定期預金の利子はおおよそ0・3％で、「運用益」には遠く及びません。

だから、銀行預金ではダメなのです。

それではそれ以外の運用先はあるでしょうか。

まず、「株」があります。しかし、株はすでに詳しく整理したように、100年単位なら4％から7％の利回りを取れるのですが、現実には私たちのお金は10年、最大に長期でも20年から30年でお金に換えなければなりません。

ですので、株という最も合理的な投資は現実的ではなく、一種のギャンブルのようなものなのです。それでは、「ファンド」や「金（ゴールド）」などはどうでしょうか。

論理的に言えば、銀行の定期預金よりいいものはありません。なぜなら、銀行というのは、

①　豊富にお金を持っている
②　できるだけ多くの収益を上げようとしている
③　お金の専門家が大勢いる

という、お金の運用という点では理想的な組織なのです。

それでも、儲かったお金から、運用に必要な人件費、店舗費用、コンピューター費用、

税金、保険などを差し引くと、定期預金ですら1％の利子も出せないのです。

それでは、知識も乏しく、情報が不足し、ノウハウも持たない個人が銀行より多く収益を上げることができるでしょうか。

そんな方法はないに決まっています。

つまり、私たちは事実を直視して、あきらめなければならないのです。でも、人間は「そうはいっても、お金が腐っていくのは耐えられないから、儲かるところを探したい」と思うものです。それで、いつも失敗して、結局あきらめるのです。

それなら失敗する前にあきらめたらいいと思います。

馬券売り場の予想屋さんも当たらない

第一に、他人が「儲かるもの」を勧めるはずはありません。もしその「他人」があなたに対して特別な恩義を感じているとか、あなたを愛しているというのなら話は別ですが、何の関係もない他人があなたに儲ける方法をタダで教えてくれるはずはありません。

もし、そんな方法があれば、その人が自分で密かにやって儲けるでしょう。よく、「すごい儲け口があります。年率10％は回ります」というような話に引っかかってしまう人がいますが、もしそんな方法があれば、最初は少しのお金を借りてその人が運用すればドンドンお金が膨らんでいくはずです。わざわざ苦労してまで他人を説得して引き込む必要などありません。

この話はいつも「馬券の予想屋のおじさん」にたとえられます。

競馬場の馬券売り場で、声をからして「本命はこれだ、間違いない！」と叫んでいる予想屋さんがいます。もしそれが本当なら予想屋がその馬券を買えばすぐに3倍ぐらいになります。一日に10レースぐらいありますから、1000円の元手があれば、一日の競馬が終わったら、その1000円が59000円になり、翌日には実に3億5000万円の大金持ちになるはずです。

でも、予想屋さんは寒い日も暑い日も、開催日には毎日出勤して、片手に新聞と耳に赤鉛筆を挟んで声をからしています。つまり、予想屋さんも当たらないのです。

第二に、お金の運用を成功させるためには、自分の力が他の人より抜きんでていなければできません。「お金を儲けたい」というのはほぼ全員の欲求なので、いつも儲かる人という人がいたら、その人はお金の市場に参加している人のなかで最優秀か、ほぼそれに近い人ということになります。

つまり、お金の運用もオリンピックのメダル獲得のようなものなのです。だからこれも無理です。

もし、お金をズッと儲ける方法があるとしたら、それは、

① 社会に貢献してお金をいただく
② 他人に感謝されてお金をいただく

という2つの方法しかありません。

たとえば、自分で会社をつくって世の中で人が欲しがっているモノをつくるとか、今まで1万円したものを2000円で売り出すなどすれば儲かります。人にはできない絵画を描いたり、音楽を作曲したりして他人の心を和ませたり、楽しませたりする、あるいは科学の世界でノーベル賞をとるなどもいい方法です。

また、お母さんの愛に代表されるように「相手に感謝される」ことをすれば、その代償として本当に困ったときに助けてもらえるでしょう。

「本当は年率10％ぐらいは自分のお金を増やしたいけれど、実際的には銀行の定期預金の金利（1％以下）しか増やせる方法はない」というところからスタートしないと、お

金というものと気楽に付き合っていくことはできないのです。そのことを肝に銘じることが最初であると著者は論理的、科学的に結論できると思います。

「お金は腐る、でも増やす方法はない」――。

それならどうするかというと、お金と社会の仕組みを真正面から認めて、「健康で長く仕事をするしかない」と思うことです。

著者は科学者で自然を相手にして研究してきましたが、自然はどうしても自分の思うとおりにはなりません。「ならないものはならない」という覚悟はできています。それがお金の運用でも著者が成功した極意でもあります。

Ⅳ　人生には千載一遇のチャンスが来る

「株価」は美人コンテスト!?

前節をお読みになった方は「身もふたもないことを」とお思いになったでしょう。でもそれが本当のところです。だから、あぶく銭を期待しないことです。

でも、人生はそれほど平坦ではありません。不幸も訪れますが、幸運も訪れます。じっくり待っていれば、人生には「千載一遇のチャンス」が来ます。それをジッと待って、チャンスが来たら思い切ってそれに乗ることです。

最近に起こった「千載一遇のチャンス」は、民主党政権から安倍政権になった201

2年（平成24）12月の選挙です。

すでにその数か月前には、国民の多くが民主党政権のあまりのひどさにがっくりきて、誰もが自民党政権に戻ることを期待していました。この動きは民主党の最初の首相であった鳩山由紀夫さんのときからでした。

もともと、高速道路無料化などの公約のほとんどが破棄されたこともあり、それに加えて沖縄の基地問題では、鳩山さんが「国外、最低でも県外」と宣言し、現実にはほとんど見込みがなく言っていたことが明らかになったときに、国民はがっくりきました。

その次の菅直人首相のときには、東北大震災とそれに続く福島原発事故があり、政府の対応のまずさに国民は二度目の絶望に沈んだのです。そして野田佳彦さんが首相になるとさらにその言動に国民はガッカリしました。

民主党に政権に移行する前には、自民党の福田康夫首相、麻生太郎首相と続いたのですが、若き安倍晋三さんが登場することになり、国民は今か今かと新しい首相の誕生を期待していました。

また、民主党政権時代は、本当のところは別にして、見かけ上は経済は悪くなるばかり、混乱は大きくなるばかり、それに消費税も増税することになって国民の怒りは頂点に達していました。だから、2012年の総選挙は、自民党が圧倒的に勝つことは容易に推定できたのです。

ところで、本著では株価の動きについて「正常な労働が株価を決める」という大原則を示しましたが、それに加えて、短期的には株価は「景気が良くなるかどうか」で上がるのではなく、「景気が良くなると多くの人が思っているかどうか」で上がるのです。ちょっとわかりにくいのですが、長期的に株価を決めるのは「実体経済」、つまり本当の景気の良し悪しなのですが、瞬間瞬間の株価は「経済が良くなると多くの人が思うこと」で、本当に良くなるかどうかではないという面白い特徴があります。

これを有名な経済学者が「株価は美人コンテスト」と言ったことがあります。「美人」というのは世界の国によって、また時代によって変化します。「こういう顔が美人」というのが決まっているのではなく、「美人は美人コンテストできまる」――、つまり「その時代の人がどう思うか」であって本来の意味での「美人」であるかどうかは関係ないというのがこの有名な言葉の真の意味です。

「景気が良くなると株が上がる」とか、「あの会社は有望だから株価が高くなる」というのではなく、「景気が良くなるとみんなが思っているから株が上がる」のであり、「あの会社は有望だとみんなが思う（錯覚している）から株価が高くなる」ということです。

数回訪れる千載一遇のチャンスに賭ける

たとえば、２０１２年12月の選挙のあと、民主党政権が自民党政権に代わり、首相が安倍晋三さんになりました。そのときに「将来の景気が良くなるか」は誰にもわからず、それから5年たった現在では景気、さらに国民一人あたりの所得（給料）はほとんど上がっていません。

事実、日本人の全体の所得に比例するＧＤＰ（国民総生産）はほぼ５００兆円で変わらないのに、株価は７０００円台から２００００円台になり、ほぼ3倍になりました。

２０１２年12月になけなしの貯金をはたいて１０００万円の日経平均に連動して動くファンド（たとえばＥＴＦ等というもの）を買っていれば、実に３０００万円になっていたのです。

景気が変わらない（ＧＤＰが変化しない）のになぜ株価が3倍にもなったのかというと、まさに「自民党になって景気が良くなるだろう」と多くの人が考えたからです。

つまり、株などで大儲けするには「経済がどうなっているか」ではなく、心理学のようなもので「みんなはどう思っているか」だけを集中して見ることです。

そして、２０１２年12月の選挙は、

① 自民党が勝つ

② 景気が良くなることを国民が期待している

という2つのことが「事前に」わかっていた希有《けう》の例なのです。

一生に3度か4度ぐらいは、このような「千載一遇のチャンス」が訪れます。そのときに大きく儲ける以外に儲けることはできないということをハッキリ頭に刻み込んでおく必要があります。

どの会社がよいかなどを考える場合、「日経平均」などは間違えることが少ないので、一か八かの投資のときには便利です。

また、個別の株の場合の千載一遇のチャンスは、ある会社が不祥事を起こしたときです。その会社の経営陣がしっかりしていて、不祥事から立ち直ることができると判断したら株を買います。極めて危険な株の買い方ですが、普通のときに「この会社の株は有望か」と考えて買うよりはずっと安全のように思います。

世界が動揺すると「金（ゴールド）」の価格は上がる

もうひとつは、金（ゴールド）投資です。

次のグラフ《図表10》に示したように、金は動きがハッキリしています。ゆっくりしたペースで上下すること、世界が動揺すると金の価格が上がるということです。

金の価格が1グラム3000円を超えたのは、ソ連のアフガニスタン侵攻とイランイラクが戦争したときです。

それ以後、金の価格は低下しましたが、21世紀に入ってテロが頻発し、イラク戦争が起こったあたりからまた金の価格が上がり始めて、今はピークに近いところにあります。ただ、金の場合、世界の価格はドルで決まりますから、円とドルの関係で日本人には不利な投資です。

ドルで持っていれば、現在は過去にもない高い価格なのでぼろ儲けができます。しかし、円が安くなっているので、日本人にとってはまだ過去よりずいぶん低い価格でもあ

図表10　金価格の変化と世界の事件

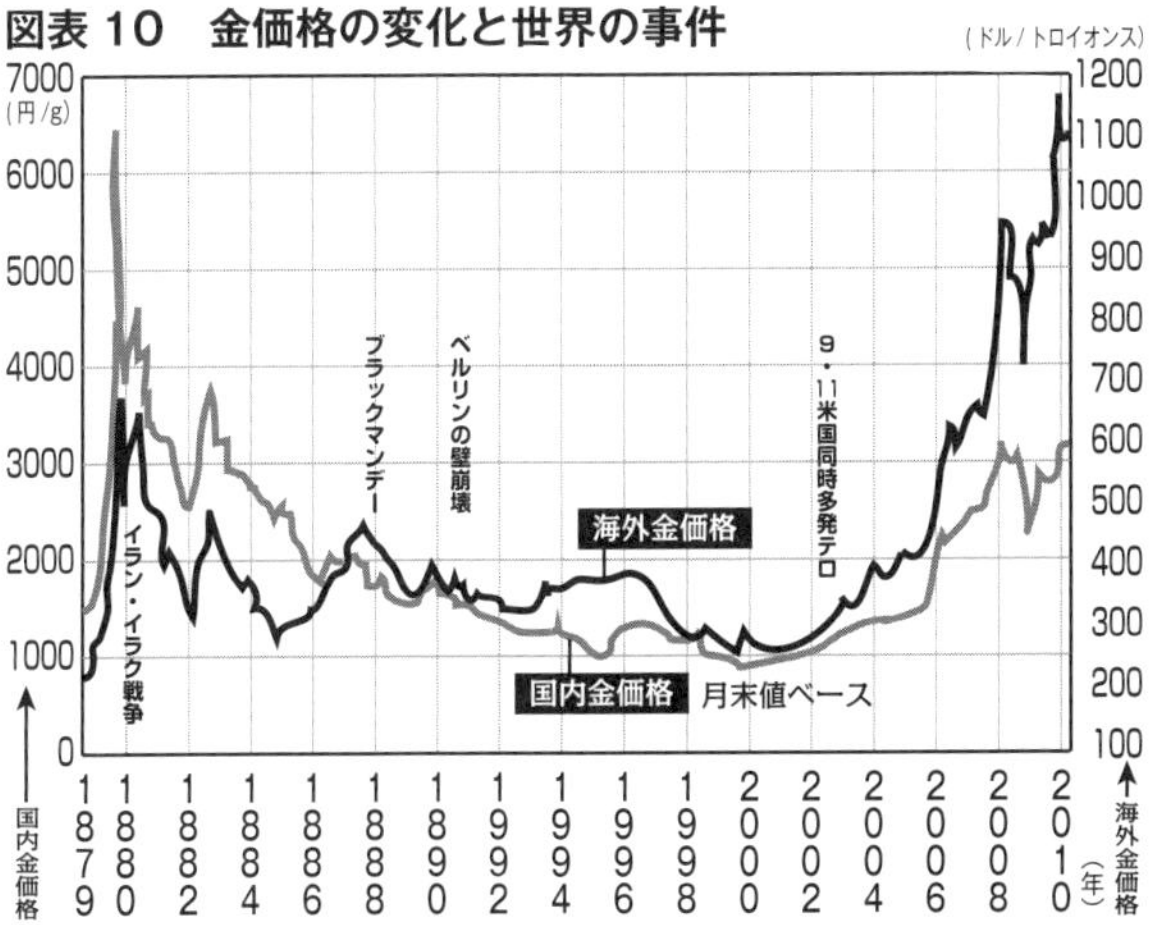

ります。

金という投資先はかなり安全なほうですが、それでもこのぐらい複雑でなかなか世界情勢と一対一で対応しているものではありません。

著者の長い投資実績から言えば、「千載一遇のチャンス」に賭ける以外には投資で物価の上昇をカバーするのは実質的に難しいと感じています。

V　年金と高齢者の働き方

かつての日本には「情」があった

ここまで延々と政府のインチキ、お金の仕組み、投資の仕方を整理してきました。そして、その結論は、「これまで私たちが働いて稼いだ3000万円をまずは返してもらうこと」です。

次に、「その3000万円は貯金せずにすぐ使うこと」、そして「長期的には、お金は腐ること（価値が下がる）」「投資はうまくいかないこと」をハッキリさせました。

そういうことになると、自分が健康で仕事もある間はそれほど問題はないのですが、定年になったり、職を失うと大変です。もともとお金がなければ、それだけで危機に陥りますが、お金があってもお金は「腐る」ので早く使わなければならず、早く使えばすぐになくなってしまうからです。

かつての日本は日本人が日本の社会のなかで生きていくのに「情」がありました。年功序列などの制度は批判はされましたが、それなりに現在で言うところの「セイフティネット」的なところもありました。若い頃、ある程度のところに就職すれば、少しぐらい病気になっても、あるいは環境が変わっても、真面目にやっていれば定年まで勤め上げることができたのです。

年金は1961年（昭和36）にできたのですが、最初は月100円とかそのぐらいでしたから、あまり頼りにはなりませんでした。でも、社会には「親の面倒は子供がみる」などの風習が残っていましたし、生活保護も実質的に有効でした。

年金破綻の理由として「少子高齢化」が言われていますが、実はもっと基本的なことで年金は破綻していますし、生活保護も安定していません。ヨーロッパから「ベーシックインカム」という新しい概念が伝えられると、専門家はすぐそれに飛びつくという不安定な状態です。

だから、体を壊したり、高齢になったり、職を失ったりするととても危険な状態に陥ります。それをどうしたら防ぐことができるのかを次に整理してみます。

年金課長がすでに「年金破綻」を予想していた……

まず年金ですが、軍人恩給など特別なものは除いて、現在の制度は1961年に始まりました。そのときには「揺り籠から墓場まで」と宣伝され、会社を定年になる55歳からこの世を去るまで安心して年金で暮らせると言われました。

もちろん、それはウソでした。

本著をお読みになった方は、日本政府やNHKがいかにウソをつくかはすでに知っておられますが、彼らは実に信じられないようなウソをつくのです。

当時の厚生省が年金の制度設計をするときに、日本がそれまで「子供が親の面倒をみる」ということでしたからすぐに社会的年金に移行するのは無理と考え、年金制度をつくったものの破綻することは目にみえていました。

そのことは当時の厚生省の年金課長が次の2つの理由を挙げて年金破綻を予想していま す。

① お金は腐るから、積み立てたお金を年金として支給する頃には生活できるようなお金にはなっていない

② 年金で集めたお金は膨大だから、必ず政治家が目をつけて、使い込んでしまう

その結果、ズバリ、次のように言っています。

③ どうせなくなる年金だからドンドン使ってしまえ！

そして、そのとおりになりました。

年金制度が始まって30年、1990年（平成2）の後半になると、まず「社会保険庁の不祥事」や「政治家の年金未加入」がテレビで盛んに報道されることになります。

たとえば社会保険庁が運営する保養所で贅沢《ぜいたく》品が次々と見つかったり、年金加入者の記録が5000万人分も不備だったり、お役所のすることとは思えない不祥事が報道されます。でも、その影に隠れてもっと巨大なウソが進行中だったのです。

政治家や官僚の食い物になっていた「年金」

まず、厚生省（当時）の幹部の巨額な退職金などです。ある事務次官は天下り先の退職金なども入れて3億5000万円、局長が2億5000万円と超高額のお金を受け取

っていました。なにしろ幹部が「どうせなくなってしまうのだから、使ってしまえ」と思っているのですから、彼らのやりたい放題です。

次に、巨額な年金のお金がどこかの倉庫に積まれているわけではないので、それを公的な機関に貸し出して「運用」します。もし、年金を支払う人が「自分が支払った甲斐があった」と感じるには、年率10％の運用利回りを出す必要がありますが、もちろんそんなことはできません。

さらに、政治家を介して政府の機関に貸し出すのです。政府機関の平均の収益率は94％が赤字という状態ですから、すべて貸し倒れになります。

2000年頃、著者が個人的に「国民が治めた年金のお金がどのぐらい残っているか」を調べてみたら、およそ3割ぐらいは残っているようだということになりました。実は、年金がどこに貸し出されてどのぐらい残っているかという数字はまったく公表されていないので、いろいろなところの情報を集めなければなりません。それも「やがて返してもらえる予定だ」ということになりますので、ますます集計は怪しいのです。

ともかく、年金の徴収未納、乱脈な経営と事務、政治家の関与で国民の年金は、官僚や政治家の食い物になっていました。また、「年金をもらう個人と企業が2分の1ずつ納める」となっていても、企業が誤魔化して払っていない例も多く見つかったのです。でも、それはある意味で当然の結果でした。日本の年金には決定的な欠陥があるからです。

第一に、少子化に代表されるように日本人の年齢分布は変化し、若い人が高齢者の面倒をみることが不可能になるのはわかっていたのに、それを言うとメディアが騒いで年金制度がスタートできないので、破綻を承知でウソをついた。

第二に、一方で政府はインフレ政策をとるのだから、お金は必然的に腐るが、それだけの運用益などは到底不可能であることはわかっていたが、しかたなくウソをついた。

第三に、巨額なお金を数十年もプールしておくことができない。そして、年金徴収業務は税金徴収と同じぐらい難しいのに、社会保険庁がそのノウハウを知らず、国税庁は協力しなかった。

第四に、本来は上記の「一」から「三」までの欠陥があるのだから、「積立型（年金をもらう本人が若い頃から積み立てて、そのお金をもらう）」のではなく、「賦課型（1年ごとに決済する。若い人が払い、その年のうちに高齢者が使い切る）」でなければならないのに、「自分が払った年金を年寄りが使うのか」という反発があり実施できなかった。

ということだったのです。

つまり、半分は国民の責任、半分は実施側の責任で、結果的に年金は破綻しました。そして、55歳から支給という当時の計画とは違い、現在は65歳、近い将来75歳からの支給が検討されています。

「年金で豊かな老後」……などは夢物語なのです。

現在の年金の運用利回りは4％ぐらいで計算されていますが、これも実現できませんので、「年金は自分の生活の3分の1ぐらいの役には立つ」と考え、「自分の貯金を3分の1（目減りします）、何らかの仕事や還付で3分の1」という計画をつくっておくべきでしょう。

Ⅵ　感謝と幸福

大切なのは「お金」より「情」

人間には「経済」より貴重な「人間性」があります。つまり、「お金」より「情」です。これは単に毎日の生活、人生の幸福感ばかりではなく、現実に毎月、どのぐらいのお金が入ってくるかを決める主な要因になります。

まず「幸福」ですが、「お金があることが幸福」という生活を普段から避けることです。世界的な統計を見ると、日本では、一家（4人家族）で年収が600万円が最も幸福という結果が出ています。

なぜ年収2000万円の家庭より600万円のほうが幸福かというと、

①　家族がお互いに助け合う
②　足が地に着いた生活をすることができる
③　家族の紐帯《ちゅうたい》が強くなる
④　知人との間にも感謝の心が残る

などの理由が挙げられます。

人間は不思議なことに「お金があるとそれが気になって仕方がない」という性質を持っています。だから、収入があると、それに応じて家族はバラバラの行動をします。父親はゴルフ、母親はテニススクール、娘は買い物……という感じです。

家族はそれぞれ「好きなこと」ができるのですが、その反面、家族の絆は緩み、夫婦喧嘩、親子の諍《いさか》いが増えます。

なにしろ生活自体が違うのですから、考え方も変わっていき、利害も衝突します。さらに、お互いに感謝の心も失われていきますし、株価が落ちたりファンドが不調だったりするとイライラしたりします。また、家族やお金というような自分がコントロールしやすいもの以外でも、人との関係が崩れてきます。

お金がなければ友人とともに楽しみ、あるいは助け合っていきますから、自動的に自分の周りにはそのような友人が多くなります。お金があるとそのお金を中心の交友関係、人生になっていきます。

他人にも注ぎたい「母親の愛」

少し口幅ったい言い方になるのですが、人生で最も貴重で、自分を助けてくれるものは「無限の母の愛」です。母親は24時間、連続して勤務し、どんなトラブルでも我が身を捨てる覚悟で救ってくれます。この母の愛は子供が何歳になっても忘れることはありません。子供はいくつになっても、母親に感謝し、その恩に報いなければならないと決めています。

だから、母親には老後の不安はありません。しかも普通は、育児をしているときからそれほどデラックスな生活をしていないので、本当に地味な人生を楽しんでいくことも知っています。

つまり、「経済より母」なのです。経済に人生の解決策を見いだすことは不可能ですが、多くの人が母親と同じ行動（無償で無限な愛情）を、家族や他人に対してとれるようになったら、その人の人生はお金も含めて安全、安心なものとなるでしょう。

つまり、人生はすべての年齢で順風満帆《じゅんぷうまんぱん》であることはほとんどなく、いったん危機に瀕したら、

①　公的な援助が３分の１

②　自分の蓄えが３分の１

③　危機に瀕する前に自分が他人に与えていたプラスのことの返礼が３分の１

ということしか、解決策はないと思われます。

しかし、普通の生活をしているときには、人間はなかなかイヤなことを考えたくないものです。それでわがままになったり、他人と喧嘩をしたり、自分勝手に振る舞うようになります。だから、窮地に陥ったからといって他人に助けを求めてもそれは無理というものです。

環境問題が社会を賑わすにつれて、（その問題があまりに大きいので）私たちは「私に何ができるだろう……」と故意に矮小化《わいしょうか》して、「ゴミを片付ける」などの方向に行って

しまいました。

「定年制の延長」「年金の充実」などの社会的なシステムの見直しこそが政治の分野であり、私たちは具体的な行動ではなく、「投票」によって間接的にそれらを改善していくことになります。

それとは逆に、自分の人生に直接関係のあることは「私には何ができるのか？」と自分に問いかけて、他人に対して「母親の愛」を注ぐようにすることが何にもまして大切だと思います。

第五章

世界経済の本質とイノベーション

最終の第五章では、世界情勢も含めて「自分が見る世界が透明になるように」と希望する人のために、やや高度な内容ですが、世界経済の本質とイノベーションについて整理をしたいと思います。

「経済の基本的な知識」「お金の性質と人間としての自分の人生」「幸運なときにこそ準備しておくべきこと」、それらを整理した後に、少し視野を広げて本著を結びたいと思います。

１　「自由貿易」と「平和」の関係――大戦後の世界

アメリカの「保護主義」

アメリカの大統領がドナルド・トランプ大統領になってから、「保護主義」という言葉をよく耳にするようになりました。世界は「自由貿易」から「グローバリゼーション」へと進み、自由貿易協定であるＴＰＰ（環太平洋パートナーシップ協定）などをきっかけとしてさらに自由な貿易ができる世界へ、そしてやがては国境のない世界へと進むと考えられていました。

ＥＵ（欧州連合）もそのひとつで、「狭いヨーロッパ（ロシアのアジア部分を除けば、欧州全体の土地面積はブラジル一カ国より小さい）を歴史的なことで細かく分けておくより、ヨーロッパ共同体として連邦制のようにしたほうがよい」と考えられていました。

ところが、ギリシャの財政破綻、中東からの難民移入、それに自分の国の特徴がなくなる、ドイツだけが一人勝ちする……などの問題が浮かび上がり、その一つひとつが深い根を持ったものであることがわかるにつれ、イギリスのように「脱ＥＵ」を国民投票で決める国まで出てきました。

アメリカもこれまでは圧倒的な政治力、軍事力、それに経済力で世界をリードし、「世界の警察官」を自認し、グローバリゼーションを推し進めてきました。

確かに、かつては自動車のフォード、航空機のボーイングやロッキード、そしてスーパーマーケットやコンビニエンスストアの新しい小売業、そのあとにはマクドナルド、ケンタッキーフライドチキンのようなファーストキッチン、さらにはアマゾン、グーグル、アップルなどの情報産業まで、産業の多くがアメリカ発に占有されています。

でも、少し行き過ぎてきています。確かにアメリカの企業の収益は世界展開することによって伸びてきましたが、アメリカに住んでいる労働者が海外に移動したわけではありません。

アメリカが第三次産業に転換し、グローバリゼーションを進めるに従って、アメリカ国内の失業率が上がったり、給料が減ったりして、「企業は富んでも国民は貧乏になる」という状態が生まれてきたのです。

現在ではグローバリゼーション、保護貿易、ブロック化経済などという言葉は「経済用語」と思われていますが、本来はそれより政治的、軍事的意味合いが強いのです。

「平和」に貢献してきた「自由貿易」

第一次世界大戦後、世界の経済はブロック化して、イギリスの支配するスターリングブロック、アメリカのドルブロックなどができ、その経済的対立が第二次世界大戦のひとつの原因になったと考えられ、まだ日本が必死に戦っている1943年（戦争は1945年8月15日に終わった）には「戦後の世界の経済体制」を検討するブレトンウッズ会議が行われ、それに基づいて戦後の、ガット、世界銀行、IMF（国際通貨基金）という自由貿易体制ができ上がりました。

なお、日本では1943年（昭和18）に、時の東條英機首相の呼びかけで世界で初めての有色人種の国際会議である「大東亜会議」が行われました。インド、中国も含めたアジアの国の首脳が参加し、「資源国が、資源を持っているという理由で資源を持っていない国を痛めつけてはいけない」という画期的な決議が行われています。

大戦後の世界は、東西の対立と冷戦のなかにありましたが、対立を促進するアメリカのマーシャルプランやソ連のコメコン（経済相互援助会議）などと並行して、ガットを中心とした自由貿易が進み、それが世界平和に貢献してきました。

1990年代までガット体制は発展し、世界の自由貿易額は飛躍的に伸びましたが、それもある限界に達して徐々に後退し、再びブロック化が起こり始めました。その典型的な動きがEU、NAFTA（北アメリカ自由貿易協定）、ASEAN（東南アジア諸国連合）などであり、地域の自由貿易が主たる目的のものともう少し政治的にもブロック化するものとがあります。

2010年代になって大きな課題となったTPPなどがあり、いずれも先進的な試みと受け取られていますが、必ずしもそうではなく、世界的な自由貿易が進まなくなり、ブロック経済に後退しているとも考えられます。

いずれにしても「平和」というのは軍備や政治だけではなく、経済が大きな力を持っていること、そのひとつの方法が自由貿易だったことは忘れてはいけないと思います。

Ⅱ　貧富の差

13世紀から始まった「グローバリゼーション」

人間の活動の本来的な意味は多くの人に幸福な人生を提供するということです。そして、「経済」という用語も中国の故事で「経世済民」、つまり「世を治め、民を救う」（経済の経は「治める」という意味。済は「救う」）ということで決して金儲けということではありません。

前節で示したように江戸末期の日本はまさに「経世済民」がある意味で成功していた例です。そこにヨーロッパ流の曲がった経済の考え方が入り、日本人の人生は物質的には飛躍的に豊かになりましたが、肝腎な人の「人生」そのものはそれほど幸福になったわけではありません。

さらに、1960年頃から始まった「経済の世界的展開」＝「グローバリゼーション」が起こり、さらに複雑になりました。

もともとグローバリゼーション自体は13世紀のモンゴルの世界制覇から始まり、15世紀にはスペインとポルトガルが世界を二分し、さらにイギリスの「七つの海の征服」で政治的なグローバリゼーションが完成したのですが、経済的にはやはり1960年代のアメリカの世界進出が最初といっていいでしょう。

当時、アメリカはまだベトナム戦争の負の影響が小さく、マクドナルドなど世界に進出する企業が台頭してきた頃にあたります。アメリカの人件費に比べれば開発途上国の人件費は極端に低く、しかもマクドナルドなどの食品は冷凍して輸出し、現地で解凍するより、新鮮な肉を使って現地生産したほうがずっと美味しいわけです。だからアメリカ企業が外国に進出するのは当然の成り行きでした。

食品関係ばかりか、一般の製造業でも安い外国の人件費を求めてドンドン世界に進出していったのです。つまり、一企業のことだけを考えれば、工場立地、運転経費、人件費など、アメリカで実施するより相当に安価なので、海外進出……今で言うグローバリゼーションに魅力を感じるのは当然でした。

海外進出が〝社会不安〟を増大

そして、多くの企業がアメリカから世界へ展開した結果、アメリカは、

① 産業の空洞化
② 社会保障費の増大

という2つの病気にかかることになります。

つまり、ある組み立て産業が外国に出るということはその製品の製造工場だけが移るのではなく、製品の部品を提供する企業、製品検査や環境保全に関する仕事をする企業などもアメリカから出て行くことになります。

現在の日本でも自動車会社が外国に移ると、ボディーの材料を提供する鉄鋼会社や石油化学会社のような大きな会社も一緒に付いて行きますし、部品メーカーも必死になって外国に工場を建てざるを得ないのと同じです。

また、アメリカの企業が工場を閉鎖すると、大勢の失業者が出ますが、その労働力を

吸収する新しい産業が準備されているわけでもなく、街は若者を中心とした失業者であふれます。

失業者があふれるということは、失業保険のような直接的な国家の経費が増加するばかりではなく、社会不安が増大し、犯罪が増えます。その抑制に警察や救急車などの公共費用が増すばかりではなく、犯罪や社会不安に伴って訴訟、つまり裁判になって弁護士の経費、裁判所の負担、さらには刑務所を増やさなければならないなど、マイナスの面がドッと出てきました。

当時のアメリカの経済を解析したある本によると、個別の会社が外国に出て、一見、収益が増大したと思われたが結果的には社会保障費、不安要因の増大に関する国内経費の増加で、得をしたか損をしたかわからない状態だったとまとめられています。

安い場所に工場を移し、収益を上げるというのは当たり前のように思いますが、国内の需要が増えない限り、海外に工場をつくれば、その分だけ労働者が失業します。海外との賃金差が2倍とすると、特定の会社は人件費が2分の1になります。

しかし、アメリカの失業者がそれまでの2分の1の失業保険をもらうとすると、多くの企業が海外進出した場合、人件費の節約と失業保険の補填が同じになり、ただ社会不安を増やしただけという結果になります。

世界的に広がる社会的格差

実際にはそれほど単純ではありませんでしたが、大雑把に言えば、アメリカのグローバリゼーションはそれほど成功したわけではありません。

そして、2000年代に入ると、アメリカばかりではなく、先進国の多くの企業が発展途上国に生産拠点を移したり、商品の展開をある地域に限定せずに広く海外に展開するようになりました。

フランスの知性と言われるエマニュエル・トッド（歴史人口学者・家族人類学者）は世界的に拡がる貧富の差の原因をグローバリゼーションに求めています。つまり、企業活動が世界的に広がると、それまで国内である程度、保護されてきた賃金が「世界的な競争に打ち勝つため」に、完全に「コスト化」してしまったのです。

たとえば製造業のコストは、原材料費、人件費、設備の償却費、それに税や保険などで構成されていますが、原材料費や設備費は「物」ですから、いくら買いたたいても社会不安が起こるなどということはありません。しかし、人件費は人間が生活するための賃金ですから、国際競争に晒《さら》されると、低い賃金の国との競争になります。たとえば、日本国内では考えられないほどの低賃金、重労働になることがあります。

いわゆる「ワーキングプア」の出現で、それまで日本のサラリーマンを代表した言葉である「総中流」などとはまったく違う社会が誕生してしまったのです。

一方では、経営者は価値ある仕事をしているということで従業員とはかけ離れて10億円の年俸をもらうようになり、「ホールディングス」と呼ばれる持ち株会社ができて、成績の悪いグループの会社は従業員とともにどこかに売られるという事態も発生しました。

社会的格差は際限なく広がり、現在では人口の1%の人が総資産の50%を持っているとも言われています。

経済は「経世済民」であり、そこに住む人の幸福のために行われている社会活動なのに、グローバリゼーションの波のなかで「人を守る」という法整備や社会常識を育てなかったので、あとで大きな歪《ひず》みとなって出てきたのです。

グローバリゼーションに伴って起こったこのような社会現象は到底、豊かな社会を目指した結果とはかけ離れていて、早晩、修正が求められるでしょう。

この章では、「作為の疑いのある景気変動」「作為の疑いのある国際紛争」などを含めて、世界の経済政策や巨大資本の動きが大きく社会道徳から離れていることも指摘していきますが、このことが「自由な資本主義」の崩壊を意味するのか、慎重に整理を進めていく必要があります。

III 作為の疑いのある「景気変動」

人々の不安が増大して、経済の崩壊へ

東北大震災がアメリカの軍事技術を使った陰謀だったという話は、震災から数年を経た今でも真面目に語られています。このようないわゆる「陰謀論」は、もともと人々の興味をひくものですし、さらに陰謀論好きの人も多いので、世の中のことはなんでも陰謀論がついてまわっているといっても言い過ぎることはありません。

ところで、経済学にも常に「陰謀論」がつきまといます。特に巨額な資金を持って、世界を支配している「国際金融資本」や「ユダヤ資本」、「石油資本」などが有名です。

歴史的には次のようなことも噂されています。

1928年のアメリカで起こった株価の急落とそれに伴う大量の失業者、景気の大幅な後退などは「恐慌」と呼ばれ、そのあと世界全体に飛び火して「世界恐慌」と呼ばれています。

この恐慌は「資本主義の根本的な矛盾」と言われ、「だから共産主義のような自由な取引に任せておかない計画的な経済のほうが優れている」という考えも生まれました。

確かに多くの人の希望や自由に任せて経済を運営するのは、やや危険とも言えます。アダム・スミスが唱えたように、人間の社会には「見えざる手」というものが存在するので、自由にしておいても、人間の欲望や希望、生産手段の制限などがマッチして、社会はうまく運営するという考えもあります。しかし、人間は時として不安になったり、希望が行き過ぎたりします。

それが個人の問題ならば不安もある程度のところで止まり、またお金にも限界がありますから、あまりひどいことにはならないのですが、大勢の人間が関与する経済問題などになると、不安が不安を呼んでとんでもないところまで行ってしまうことがあります。

人々の不安が増大して一気に経済が崩壊することを昔は「恐慌」と呼びました。最近では「バブル崩壊」と言いますが、この2つはほぼ同じことで、過熱した景気が一気に冷えることを意味しています。

恐慌やバブルの崩壊に至るメカニズム

人は誰でも楽しくて、楽な生活を希望します。多くの人が上昇気分で土地を買い、家を建て、お金を貯めて、車を買う。家電製品を整え、辛い家事労働から開放される……といった生活を夢見る時代があります。それは正しいのですが、いつの間にか行き過ぎて、買い過ぎたり、遊び過ぎたりしてしまいます。

さらに、物質の供給、サービスの態勢、多くの人が満足するだけのお金の供給などが整わないこともあり、それらの矛盾が表面化して経済が崩壊するのです。だから、恐慌やバブルの崩壊は、自由な資本主義体制では「定期的に起こる」とも言われています。

整理すると、

「景気が上昇する」↓「景気が過熱する」↓「社会のどこかが崩れ始める」↓「人々が狼狽《ろうばい》する。また、現実に支払うことができないお金が発生したりする」↓「社会全体が崩壊する」

という構造になります。

でも、それは「自由な資本主義」の論理的帰着ではなく、ある特定の人の陰謀でつくり出されたものという見方もあります。

たとえば、先に示した1928年のアメリカで起こった恐慌ですが、アメリカのFRB（連邦準備制度理事会）とそこを支配する国際金融資本家が仕組んだこととも言われています。

つまり、世界恐慌が起こる前に、FRBはアメリカの通貨であるドルをドンドン発行して、なんと16か月間で62％も増やしたとされます。ドルがドンドン社会に出て行くわけですから、人はそれで物を買ったりサービスを受けたりして、社会は好景気に湧きます。そして、お金をいくらでも貸してくれるので、ローンを組んで自分で稼ぐことができる範囲を超えて株や土地を買うようになったのです。

しかし、そのときの銀行からの融資は、「24時間コールローン」という仕組みを持っていました。これは「銀行から返済の請求を受けたら、借りているお金を24時間以内に返さねばならない」という仕組みです。

「人為的恐慌発生論」から見ると……、１９２９年に銀行は請求を開始しました。借りている人は株を手放さなければならなくなったのですが、多くの人が株を慌てて売ったので株価は暴落しました。それでも返さなければならないので、さらに株価の暴落は続いたのです。

そして、資金を供給していたＦＲＢは供給を激減させました。多くの人は株式ばかりではなく、家やその他の資産をも一気に失ったのです。

「良い子」ばかりがいるわけではない

陰謀論で見ると、「金融関係のわずかな人が作戦を立て、まずドルを潤沢に市場に出す」→「それによって人々の消費が上がるとローンを奨める」→「かなり景気が良くなったところで高くなった株を密かに売り、その直後にお金を引き上げる」→「株は暴落し、安い価格で買い戻しができる」という仕組みです。

つまり、自由な資本主義というのは、「自由に任せておいても時として加熱してバブルが発生し、それが暴落して人為的に景気を上げたり下げたりして、計画的に暴利をむさぼることもできるシステムである」ということは間違いありません。

自分や仲間と打ち合わせてうまくやれば景気を左右できるということになると、なにも法律違反をするわけではないので、お金儲けのひとつの方法として「景気を上下させる」ということもあり得るのです。

2009年のリーマンショックなど、世界には大型の景気の上下があり、日本も1990年代初期にバブルの崩壊がありましたが、これらが自然発生的なものか人為的なものなのかまだ不明です。

これほど大きな経済の変化でなくても、好景気になったり不景気になったりする「景気の循環」は普通に見られます。これも、好景気で商品が売れるので、ドンドン生産資材庫が溜まっているときに、何かの影響で購買量が減ると在庫が余り、投げ売りが始まり、それが景気変動のきっかけになると言われます。

でも、これも「ある特定のグループの作為」かもしれません。

資金が豊富にあれば、好景気のときに景気が過熱するように安売りや資金の提供を行って景気を持ち上げておきます。そろそろ景気を悪くして儲けようと思ったら、その前に株などを売却しておいて巨利を得、そのあとでお金を引き上げる。このように「景気を上下させるだけ」で「大儲け」することができるのです。

真面目に働いている人からお金を巻き上げるのですから、実質的には犯罪ですが、現在の経済ではこのような実質的な経済的犯罪を刑法などで取り締まることはできません。

このことを本著に書いたのは、「この世は良い子ばかりではない」ということも知っておかないとひどい目に遭う——ということを示しておく必要があると思ったからです。

Ⅳ　作為の疑いのある「国際紛争」

今でも「フセインは悪かった」の大合唱

前節の「作為のある景気変動」と同じく、景気や国際政治を左右する「国際紛争」では、「作為」＝「陰謀の臭い」のするものが数多くあります。

論理的に作為がある国際紛争としてたびたび指摘されるのが、国同士の戦争や内戦です。

世界の多くの国は、国内、もしくは近隣諸国との間で「紛争の種」を抱えています。

また、アメリカを中心とした先進国は軍需産業があり、自国の戦争やある地域の紛争が終わると武器の供給が要らなくなるので、急激に会社を縮小しなければなりません。しかし、戦闘機や戦車などを製造する工場は大きいので、簡単に従業員を解雇して工場を閉鎖することはできません。

普通の産業と違うので、テレビで「もっと戦争をしてください」と呼び掛けるわけにもいかないのです。

世界に「紛争の種」があり、「縮小できない軍事工場」が存在すれば、どうしても「陰謀論」が湧いてきます。その一例を見てみましょう。

まず、政治家に働きかけてある地域に火種をつくります。最近、よく話題に出るのは２０１０年の末に突如起こった「アラブの春」という事件です。

アフリカ北部のチュニジア、リビア、エジプト、それに中東諸国の政治情勢は若干、不安定ではありましたが、直ちに崩壊するというようなことではありませんでした。

ところが、２０１０年12月に北アフリカの小国チュニジアに「ジャスミン革命」というのが起きると、それをきっかけにして北アフリカから中東に及ぶ広い地域（かってウマイヤ朝やオスマントルコなどの巨大帝国が支配したのとほぼ同じ領域）に紛争が発生し、リビアのカダフィ大統領はじめ多くの指導者が追放されたりして、指導層の交代が行われました。

日本人の多くは、メディアのフェイクニュースによって「フセイン大統領は悪人だ」というレッテル張りを信じ込まされました。アメリカ政府がつくりだした「イラクは核兵器を保有している」というウソをほとんどの日本人は真に受けたのです。

アメリカの攻撃は国際法にも違反しているのですが、このフェイクによって完全に不当な「アメリカの侵略」であるイラク戦争が始まりました。そしてこの侵略は、現在に至るイラクの大きな混乱とそこに住む多くの人々が犠牲になるという事態に発展しました。

これらのことは後にすべて明るみに出ましたが、日本のメディア、それに一般の日本人の多くが今でも「あれはフセインが悪かった」と思っているのですから不思議です。

「良い子症候群」の人々が住む国

「アラブの春」の事件は、自然発生的な反政府運動として始まったのではなく、アメリカのオバマ大統領（当時）と、国務長官だったヒラリー・クリントン（当時）が仕掛け、それを軍産共同体が支援したという噂が絶えないのです。

「北アフリカや中東の政府がどのような政府であればアメリカに都合がいいのか？」

「それらの国々がアメリカの政治や社会にどのような大きな影響を与えるというのか？」

……極めて疑問です。ブッシュ政権が起こしたイラク戦争によって安定していたフセイン政権が倒され、リビアではカダフィ政権が崩壊します。現在では両国ともに不安定な状態になり、ＩＳ国と呼ばれるイラク―シリアにまたがる過激思想の政権が誕生したり、リビアから大量の難民がヨーロッパに移動したりしています。

フランス、アメリカ、ロシアがシリアに対して大規模な空爆を開始した後、中東や北アフリカから大量の難民がヨーロッパに流れました。それと同時にドイツのメルケル首相は「移民、ウェルカム」という演説を行います。

実は先進国で国民の平均年齢が高い国は日本とドイツで、ともに46歳を超えています。これに対してアメリカ、イギリス、フランスなどは39歳から41歳と若い国です。

そこで、日本は自分のことは自分で解決するという伝統的な日本の考え方に沿って「一億総活躍時代」と銘打って高齢者の社会参加を促しています。これに対してドイツはギリシャを財政破綻に追い込み、トルコを政治不安にさせ、中東や北アフリカの動揺を加速させました。そして、それらの地域からの「若い移民」を歓迎し、安くて若い労働力を得ようとしていると考えられます。

この程度のことは、特に陰謀論というほどのことはなく、通常の国際的な取引の範囲だと思います。したがって、アメリカとドイツが特に綿密に協議して「アラブの春」やその他の騒乱を誘発したということではなく、阿吽《あうん》の呼吸でお互いの有利な国際情勢に協力していると言えるでしょう。

日本は長く天皇陛下という国民統合の象徴をいただき、周りを海に囲まれた島国なので外国から侵略を受けることはほとんど経験しませんでした。国民も大多数が単一の日本民族であるということから、国際的な取引はないと信じている「良い子症候群」の人が多いようです。

そのような良い環境のもとで、日本という国が2000年も維持されてきたということは喜ばしいことですが、国際政治を判断する上では間違いを呼んでしまうことがあります。

そのひとつが「地球温暖化」という環境問題です。

「地球温暖化」というデマ

「地球温暖化」という問題は、1988年6月にアメリカの上院の議題として提出されたときの名前は「気象変動」でした。提出理由は「工業が出した排気ガスなどで気候が変動し、気候によって作物の出来が違い、農業に被害が出る。だから保証しろ」というお金の問題でした。

だから、アメリカは自らIPCC（気候変動に関する政府間パネル）という国連の組織をつくったのですが、「気象変動」は、政治問題から「環境問題」に変わったので、自分が言い出したことなのに1988年から2017年までの30年間、アメリカはまったく国際的な枠組みに参加しませんでした。

イラク戦争といい、地球温暖化といい、日本人は何をやっても「アメリカ人は正義だ」と思うので、温暖化の阻止を唱えるほうが正義のように言いますが、実はこれも汚れた国際的な活動の一環なのです。

事実、すでに30年を経ていますが、アメリカから提出される「気温はこのぐらい上がる」というデータはまったく間違っているばかりか、「ホッケースティック論争」（過去1000年間の世界の平均気温を間違って発表した事件）や「クライメートゲート事件」

（イギリスを中心に起こった温暖化に関するデータの偽造事件）などを起こしています。

日本のいわゆる知識人と言われる人たちや御用学者が、今でも「温暖化は科学の問題」であると考えているのは、メディアの意図的な誤報によるものです。

2、3年前に、NASAが「南極の氷が増えている」と発表したことを著者がテレビで紹介すると、同席の皆さんは、「そんなことがあったの？」とビックリしている始末です。日本のメディアは北極の氷が融ければ報道しますが、南極の氷が増えると自分たちの意図的誤報がばれるので報道しません。

著者はもう少し辛い見方をしています。もともと日本で知識人と呼ばれる人自体が「自分の利権を考えながら発言する」と見ていて、温暖化がおかしいことは承知の上で発言しているという感じもします。その彼らの特性を知って日本人を騙すのが「朝日新聞」ということです。

朝日新聞ぐらいになると、かなり悪質です。有名な報道としては、記者が自分で海に潜って珊瑚礁《さんごしょう》を傷つけ、それを撮影して「環境が破壊されている」という大々的な記事を書いていました（1989年の「朝日新聞珊瑚記事捏造《ねつぞう》事件」）。

実はメディアが庶民の感情を利用した

ところで、陰謀の渦巻く世界は当然のことと思われますが、そうではありません。

近世のヨーロッパはうち続く戦争で疲弊し、17世紀の中盤、つまり今から350年ほど前に、ヨーロッパの国々は「ウェストファリア条約」というのを結んでいます。

それによると、「戦争を避けるためにあまり極端な力の差をつくらないようにする」こと、「軍事力や勢力の均衡を図る」こと、「他の国の内政には干渉しない」こと、要するに、他の国の指導者が気にくわないとか、そういう理由では侵略しないことを決めました。

その後、19世紀前半まではかなりこの条約が効果を持っていましたが、19世紀後半になると「民主化とメディアの出現」が起こり、また紛争が増えるようになりました。

民主主義になる前は、体制はどうであれ、政策決定に携わる人は数十人という少人数でした。その場合は、少数のエリートが「損得」を考えて政策を進めます。だから、戦争は「損」になるのでできるだけ回避しようとしました。

つまり、ヨーロッパの国同士の戦争を止めて、ヨーロッパの国には戦ってもまったく歯が立たない弱小のアジアやその他の国を植民地にするようにしたのです。

日露戦争の前に、ロシアの皇帝が「日本が戦争するかどうかが問題ではない。朕《ちん》がどう考えるかだ」と言っていますが、これは日本のようなアジアの国が強大な白人国家に戦争を挑むことはあり得ないという当時の強国の考え方をそのまま示しています。

ところが20世紀になると、アメリカやヨーロッパそして日本などが「民主化」され、多くの人が政策の決定に参加するようになりました。そのためにはメディアが必要です。それで新聞が発達したのですが、新聞は発行部数を増やすために「敵愾心《てきがいしん》を煽る」という報道をするようになったのです。

たとえば、日本でもロシアとの関係が悪くなれば「ロシア憎し！」という報道をする、アメリカやイギリスと仲が悪くなると「鬼畜米英」と囃《はや》し立てる、ということが行われるようになりました。

もちろん、戦前の新聞で最も強く戦争を煽ったのは朝日新聞で、当時の朝日新聞はメディアというより「情報操作機関」としての役割を果たしていました。今でもアメリカ占領軍の情報操作と戦後の朝日新聞の報道の結果、「戦争をもたらしたのは軍部である」などとされていますが、事実は「メディアが庶民の感情を利用した」のです。

「加計学園問題」は朝日新聞の謀略キャンペーン

多くの悲惨な経験からせっかく成立したウェストファァリア思想も、「良いこと」と思われている民主化のために無に帰しました。その責任の多くはメディアにありました。現在でも、アメリカの軍産共同体、国際金融資本などを中心とした勢力が陰謀を巡らしている可能性が高いのです。この節で紹介した「アラブの春」も、「移民急増」もその陰謀のひとつですが、このような陰謀が最終的に力を持つのは、事実を知っているのに「視聴率や販売部数を増やすため」にメディアが国民を煽ることによっています。

話が横道にそれるようですが、現在でも同じことが行われていることを身近な例で示したいと思います。

2017年（平成29）の春に「加計学園問題」が突如としてテレビのワイドショーの話題をさらいました。多くの人は「文科省が正しく行政を行おうとしているのに、安倍首相が自分の友達ということで無理を通して加計学園の獣医学部の新設を認めた」と思い、法律違反（文科省の天下り斡旋問題）で処分された文科省事務次官を〝正義の味方〟と考えたのです。

実は、日本のような先進国が「規制を中心的な業務とする文部省」を設置している国はありません。アメリカにはもともと文部省がありませんし、ヨーロッパ諸国では規制のためではなく、よりよい教育のために文部省を設置しています。

つまり、大学教育を最もよく知っているのはもちろん当該分野の大学教授ですし、その人たちが考え、設置する大学を自由にしておいたほうが必要な教育ができますし、仮に少しぐらい大学をつくり過ぎてもお互いに切磋琢磨《せっさたくま》するのでかえって教育の質は向上するのです。

ところが、朝日新聞がキャンペーンを張り、民進党の幹部が日本獣医師連盟からお金をもらって、自らも「獣医学科の新設には私が反対する」と言って国会で反対の質問をするという始末です。

もともとこの民進党議員は日本獣医師連盟からお金をもらっているので、これは贈収賄に相当します。かつてゼネコンからお金をもらい、その利害に即した質問を国会でした議員が贈収賄に問われたこともあります。

しかし、これも「本来、大学設置を規制するべきか」という大きな問題は、一般にはわかりにくいという隙を狙った朝日新聞の謀略でした。その結果、最も大切な「規制問題」は議論されず、「メールがあった、なかった」とかという日本国の将来にはさして関係のないことで終始して国会は閉会の期日を迎えました。

このことに関しても著者は厳しく評価しています。普通に考えれば、この問題を「安倍首相の友達、文科省内のメール」の問題にすり替えた人たちは、危機に瀕した「文科省の利権を守る」ことが目的だったと考えています。

いずれにしても、政治、経済、金融に大きな陰謀が常に存在するということを意識し、一歩下がって事態を冷静に見ることが大切と思っています。

Ⅴ 「EU」のからくり

「EU」はドイツの陰謀と仮定して考えてみると……

世界が経済ブロックに再編されるなかで、EUはその典型的なものとして注目されます。

第一次世界大戦のときに、「スターリングブロック」「ドルブロック」などの経済ブロックができて、それが戦争の火種になったことを反省して、戦後はブレトンウッズ体制を中心として可能な限りブロック化せずに自由貿易を進めてきました。

しかし、1990年代から貿易自由化が限界に達し、ブロック化が再び息を吹き返しています。

アメリカはアメリカ大陸を中心としたＮＡＦＴＡ、東南アジアは政治と経済の連携を深めるためのＡＳＥＡＮ、それに太平洋にはまだ途上だがＴＰＰなどがあります。これら地域ブロックは、紛争の種をつくるのであまり望ましくないのですが、自由貿易にも欠点がさまざまあり、難しい問題です。

そのなかでＥＵはうまくいっているように見えますが、今、２つの大きな問題が表面化しています。

１つはギリシャの財政破綻に見られる「国家間の経済格差」の問題、２つ目は移民問題で顕在化した「自由な人や物の移動」に伴う社会不安です。

まず、１つ目の国家間の経済格差の問題を「ドイツの陰謀」と仮定して説明をしたいと思います。

仮に、ＥＵをつくるときにドイツが次のように考えたとします。

《ＥＵのなかでは俺たち（ドイツ）が一番強い。工業力が高く、世界で競争できる製品がたくさんできる。だから、もしＥＵに加盟せずにドイツが単独でやったらドイツ通貨のマルクが高くなって輸出が困難になる。もともと、通貨の貿易の関係では、ある国の製品の国際競争力が高い場合、その国の通貨が上がって製品の値段が高くなり、その結果、売れなくなってバランスする。だから、俺たちは良い製品は作りたいし、作ると売れないと言うジレンマに陥ることになる。

ところが、EUに入って通貨がユーロになると、ギリシャやスペインのような力のない国のおかげでユーロは常に本来のドイツの通貨のマルクより安くなる。つまり、EUに入っていれば、俺たちの製品をいくら良くしてもユーロが高くならないので、製品はドンドン売れる。そこで俺たちドイツだけが裕福になる》

だから、ギリシャやスペインなどのサボり国（ドイツ人から見て）がいるほうがドイツは助かるのです。できれば、ドイツがそれらのサボり国に少し融資して、彼らが実力より豊かな生活をしてくれると、そのうちサボり国の財政が破綻するので、よけいにユーロが弱くなるのです。

《国の財政が破綻すると、職を失った多くの人がドイツに来るだろう。俺たちは自分の所得を増やしたいけれど、あまり賃金が高くなると製品の競争力を失ってしまう。でもギリシャやトルコからの移民の労働者を自分たちドイツ人の半分の賃金で働かせれば、俺たちがいくら高給を取っても問題にはならない……》

事実、ドイツはこのような戦略のもとで、やや作戦的にお金を動かしてEUの一部の国を破綻に陥らせたという情報もあります。国単位のことですから、このくらいのことはするでしょう。

つまり、EUはドイツ、イギリス、フランス（そのうちでも特にドイツにとっては）にはありがたい制度ですが、他の国々はどうも割を食ったという感じです。

多くの欠点と苦悩を抱える「EU」という制度

2つ目の問題である「人や物の自由な移動」も良いようですが悪い面もあります。

たとえば、イギリスでは他の国から来た貧困層（移民してきた若者たち）が学校で暴れることが多いということです。先生が暴行を受ける事件が頻発するので、学校の教卓の下には非常ベルが付いており、非常ベルが鳴ると学校の近くで待機している警官が踏み込んで取り締まるのです。イギリスの学校はそんなところまで来ています。

また、学校周辺の商店は少ないのですが、これらの商店にも「荒れる生徒」がナイフなどを持って襲撃したり、彼らのアジトにされる危険性があるとされています。

教育がこれほど荒れたのも、イギリス人ではない外国の貧困層が大量に入ってきたこと、それからもともと日本とは違いイギリスが「階層的社会」であることも原因になっています。

スペインではもともとイスラム教の国だったこともあり、大勢のイスラム教徒がスペインの町にいます。ところによってはスペイン人より移民のほうが多いこともあります。

私たちの人生には2つのことが必要です。1つは「国が発展すること」です。移民は賃金が低く雇えるし、労働者としても若いので、受け入れ国全体としては良い面も大いにあります。しかし一方では、私たちの生活する地域が「荒れる」という問題が起きてきます。

民族の習慣、倫理観、人の関係などは一朝一夕にできるものではなく、風土や歴史、民族性が大きく関係します。だから、「どの国の人も一緒」という考え方は、ヒトという生物のことを総合的に考えるとあまり良いこととは言えないのです。

このようにEUは、日本では考えられないような欠点と苦悩を抱えていて、ギリシャの破綻、イギリスのEU離脱、フランス大統領選挙の混乱などを招いていますが、今後の世界がどのように動くかの指標としても興味のあるところです。

VI　支那（中国）の共産党と経済

世界から「共産主義」が消える日

「支那（中国）がまもなく破綻する」という本は何冊あったかな……と思うほどたくさん出版されています。それもここ5年ほど前から盛んに出ていますが、相変わらず中国は普通にやっています。

それはなぜでしょうか。

その理由の第一は、中国が「共産主義」であるということです。共産主義はマルクス、エンゲルスなどの思想に基づき、今から110年ほど前（20世紀のはじめ）にロシアで、革命によってつくられました。その後、東ヨーロッパではポーランド、チェコスロバキア、ルーマニアなどの国々が共産主義になりましたが、現在ではすべて崩壊しています。アジアでは支那（中国）、北朝鮮、そしてベトナムなどが共産国として誕生し、現在でも続いています。

ロシアの共産主義が崩壊したのは、ヨーロッパなどに比較して経済的に貧乏で、国民に不満が溜まっていたことが挙げられますが、共産主義は一度に崩壊したわけではなく、緩やかに変化していきました。

しかし、「自由を求める心」のほうは、情報公開で一気に火がつきます。まず、東西に分かれていたドイツのうち共産体制だった東ドイツが「自由を求めて」動き出します。そして、東西ベルリンを分離していた「ベルリンの壁」が崩壊（１９８９年）し、その後、雪崩《なだれ》を打ってヨーロッパの共産主義国家は崩壊していきました。

ドイツの統一をみると、工業製品の品質などでは共産主義だった東ドイツは西ドイツより24年程度遅れていたとされています。共産国家は官僚支配ですから、官僚は普段から威張っているし、自由競争がないので不能率な生産システムになる……それが積もり積もってそんな大きな差になったと言われます。

このように理想的と思われた共産主義は、「独裁になる」「権力者が意見の違う人を粛正というかたちで殺害する」「経済が停滞する」など多くの欠陥を持っていることがわかって、現在、アジアでは3カ国だけになりました。

だから、かつて日本の知識人たちは「そのうち、世界はすべて共産主義の国になる」ということで、こぞってマルクス主義になったのですが、今ではむしろ「そのうち、世界から共産主義国は消える」と思われるようになりました。

しかし、現在の共産主義国家・中国では、ヨーロッパ諸国の共産主義国とは違う様相を呈しています。

それは、

① 独裁、弾圧政治がうまくいっている

② 経済を国がコントロールできている

などの理由で、これまでの共産国家に見られないほどの発展を遂げています。

このことがアジア民族という民族の持つ特徴なのか、それともやはりやがて多くの国のように崩壊していくのか、今のところわかりません。

気になる中国経済の行方

中国経済は１９９０年頃から急激に発展し始め、日本の高度成長期のように年率10％近くの成長を遂げてきました。しかし高度成長が長く続くことはないので、２０１０年頃より急速に発展が止まってきました。現在では成長率は０％から６％の間にあると思われます。

中国経済が停滞する原因としては、

① 独自の技術がなく他の国の技術と安い労働力が発展の原動力だったのだが、経済が発展すると人件費は上がるので、安い労働力の魅力がなくなってきた

② ある程度成長すると、富裕層や能力のある人が一応満足する状態になり、需要が一段落する

③ 経済規模が大きくなると世界的な影響が出てきて、世界の国との協調が必要になって来る

などが挙げられます。

そして、中国はバブルの崩壊時期を迎えていると言われています。需要の停滞、過剰投資、資金の循環が弱くなり、株式が急落する……などの現象が見られます。

このようなとき、普通の資本主義社会では多くの人が悲観的になって資金の引き揚げを始め、ますます資金状態が悪くなり、株価が暴落して経済が崩壊するというふうに進むのですが、そこに共産主義の強みが出てきています。

つまり、独裁的な共産主義ですから、危機になると国民を何百万人殺害することになったとしてもそれを断行することで危機を乗り切ることができます。事実、毛沢東が政治的危機を乗り切るのに行った文化大革命では2000万人の犠牲者を出したとされています。

こんなことができるのが共産主義でもあります。つまり「個別の国民」より「国家の安定」を優先しますから、若干の人々が経済的な意味で没落しても、政府はそんなことは気にしないで、強い政策をとることができるのです。

事実、すでに2017年現在、経済状態はかなり悪いのですが、それが表面化しないように政府はあらゆる手を打っています。

本著でも何度も指摘しているように、経済というのは根本的にはその国民の働いた総和になりますから、それほど変化するものではありません。バブル景気、バブル崩壊という現象は、自由な経済運営のもとで起こる「揺らぎ」であって、もともとバブル崩壊が起こるほど国民の労働が変化するわけではないのです。

もう少し経済学というのがしっかりしていれば、すでに資本主義でありながら、国民の努力に沿った発展と急激な変化を抑えるシステムができていると思いますが、今のところいろいろな規制や景気刺激策などが行われていても、やはり景気の変動などは急激であって、国民が被害を受けることが多いのです。

もしかするとこの資本主義の急激な変化は、世界の金融資本などが故意にやっている可能性もあります。

このように中国の経済は不安定ではありますが、資本主義のもとでの急激な変化を避ける政策をとることがありますので、日本やヨーロッパ、アメリカなどの経済状態を参考にして中国の経済を見ることは適切ではありません。

これらのことについては、国際政治学者の藤井厳喜先生がご著書のなかでいろいろな解析を行っていますので、参考にしてみてください。

Ⅶ　なぜ日本は景気が悪いのか

「マネタリーベース」で見る近年の経済政策

本来、お金を貸す場合、貸出先の事業を銀行員の鋭い目で判断しなければならないのに、土地などを担保にとるだけで、調査・判断せずにお金を貸し出してしまった。これがバブルの崩壊の原因のひとつとして挙げられます。

また2012年（平成24）に安倍政権になり、日銀に黒田東彦総裁が着任したことによって、日本経済を悪くしてきた従来型の金融政策、経済政策がかなり改善されました。

そのひとつに政府による積極的な金融政策がありますが、その全体像は前節に示したとおりです。

政府によるお金の増加策については、いろいろな方法があり、特に国債を発行してお金を増やすということやその効果については、まだ新しい金融政策でもあるので、経済学者の論文などによく掲載されています。

本著は内容が専門的になってわかりにくくなることを避けるために、あまり経済学の書籍から直接引用したりはしていませんが、日本で最近、発刊されている有意義な書籍などを以下に簡単にご紹介します。

経済全体のこと、銀行がお金を増やす信用創造、マネーストックやマネタリーベースのことなどについては『マクロ経済学（斎藤誠・有斐閣）』、『金融読本（島村高嘉、中島真志・東洋経済新聞社）』という本が参考になります。

特に金融政策で議論のあるのは、日銀が日本社会に投入する「現物のお金（銀行がつくり出すお金のもとになる旧型のお金）」の総量です。これは「マネタリーベース」と言いますが、いわゆる紙幣と言われる日銀券や、銀行が決済に使う日銀当座預金残高などです。

マネタリーベースが増えれば銀行はお金をつくる幅が拡がるので、社会に回るお金が増えます。だから、そのもととなるお金は「ハードマネー」(現物のお金というような意味)とも呼ばれます。

事実、2005年(平成17)頃には、マネタリーベースは100兆円ほどで、日本社会に現実に動いているお金の総量は1000兆円ほどでした。銀行が900兆円ほど増やして日本社会が経済活動をしていたことになります。

その後、黒田総裁が日銀を運営するまでは、マネタリーベースはズッと100兆円程度でしたが、前に整理した政府の国債の発行と、日銀の引き受け、銀行の購入などを通じて増え、2017年(平成29)には260兆円を超えました。でも、その結果、日本社会で現実に動いているお金の総量が2600兆円になったかというと、たった125兆に過ぎないのです。

つまり、「笛を吹けども踊らず」という感じで、日銀はアベノミクス政策に伴って頑張ったのですが、その結果は、「若干、改善した」という程度に留まっています。だから不景気が続いたり、一時上昇したサラリーマンの賃金も鈍っているのです。

自己資本比率の高い会社は「悪い会社」⁉

それでは、その原因はどこにあるのか、考えてみます。

基礎から解析をしていく方法もありますが、より簡単に理解するために「自己資本比率の高い会社は良い会社か」ということからいきたいと思います。

会社は「借金体質の会社」と、長い間業績が良かったので自己資金が貯まった「自己資金が多い会社」の2つに分かれます。先の戦争のあと、ほとんどの人は無一文でしたので、銀行からお金を借りて商売を始めました。当時の会社のほとんどは借金体質でした。

その後、松下電器、ホンダ技研、トヨタ自動車のように後には世界に冠たる企業となる会社が出てきて、高い収益を上げていきました。日本国の繁栄はこれらの優れた企業の活動によるものが大きいのですが、毎年、毎年お金が余るので、まずは銀行に借入金を返し、さらに貯金を重ねていった結果、21世紀になる頃には「無借金会社」を筆頭に、自己資本比率の高い会社が多くなりました。

ある経済評価を見ると、「自己資本比率70％以上なら超優良企業、40％ならまずまず」とあります。つまり、長年、好決算を続けてお金を貯金し続けた結果、本来なら他人から調達した資本をほとんど自分自身が持っているという状態になり、自己資本比率が70%にもなっている場合があるということです。

現実には、世界に冠たる自動車会社のトヨタ自動車の自己資本比率が35%、ホンダが37%で、これは決して高い値ではありません。また、電気会社は東芝の事件やシャープの倒産などで象徴されるように現在、四苦八苦していますが、自己資本比率はパナソニックが31%、日立製作所が24%で、こちらもそれほど高くありません。電気では三菱電機がダントツに高く45%に達しています。

日本の会社全体を見渡すと、製造業、建設業などはほぼ30%台で、勢いのよい小売り業、レストランなどはあまり設備が要りませんので、60%台程度です。

自己資本比率の高い会社は新しい事業を始めようとするときでも、自分のお金で始められますから、銀行から借金をする必要がありません。また、事業が失敗しても倒産するリスクは少ないので、自己資本比率が高いほど、銀行もお金を貸してくれるということになります。

自己資本比率が高い会社ほど「良い会社」と言われています。でも、それは、「会社は社会的な貢献をしなくてもよい」ということが前提になっていると著者は考えています。つまり、それら自己資本比率の高い会社は、社会への貢献をしようとしていない「悪い会社」と思うわけです。

借金して行う事業は成功率が高い

自由な雰囲気のなかの資本主義社会とは何を目指しているのでしょうか。

ある人が「これで事業をしよう！」と決意し、銀行にお金を借りに行きます。銀行もその事業の内容とその人の意気に感じてお金を貸します。そしてその人は粉骨砕身、懸命に頑張って事業を成功させ、やがて多くの人が知るような大企業になる……、それがアメリカンドリームであり、日本で言えば戦後の松下電器（パナソニック）やホンダ技研でした。

これらの成功は、社会を明るくし、子供たちの夢を育て、国民たちのファイトを湧かせたものです。

人間は自由であって、自分の魂が求める自己実現に邁進することができるほど幸福なことはありません。一介のサラリーマンでも、できれば自分の判断でやりがいのある仕事をしたいと思っています。

このような仕事のやり方は事業をする人自身が満足できるばかりではなく、社会も感謝します。

たとえば、本田宗一郎が小さなバイク屋の時代に、エンジンに興味を持ち、他の会社のエンジンより優れたエンジンを作り、それで会社を大きくしていったのですが、それは同時に、社会も素晴らしいエンジンを搭載したバイクに乗ることができるということですから人々の幸福度を増進させました。

つまり、借金しても儲かるということは、社会が新しい製品に価値を見いだし、自分の人生をより幸福にしてくれるから、無理してでも買うということです。

だから、会社の社長が幸福になるということは、その他多くの国民が幸福になるということでもあるのです。事実、松下電器の家電製品、ホンダ技研のオートバイは戦後の日本の社会を楽しくし、豊かにしたのです。

「銀行から借金をする」ということは覚悟のいることで、誰でもできることではありません。度胸と判断力、そして「俺のやることが人々の幸福を増大する。だからみんなは、俺のものを買ってくれる」という確信が必要です。

借金して行う事業は成功率が高いし、必然的に社会の役に立つことになります。役に立たなければ人は買ってくれません。したがって借金を返すことができないからです。

「リスクを負ってでも社会に貢献する」という気概がなくなった

ところが、自己資本が多く、自分のお金で新しい事業をするようになると、よく考えないようになります。なにしろ自分のお金ですから新規事業に失敗しても会社自体は倒産しませんし、従業員が生活に困ることもありません。だから、どうしても安易に考えて事業を進めてしまうのです。これは人間として当然のことです。

先に示したように、その典型的なものが「お役所がやる仕事」です。仕事の性質上、やむを得ないところもありますが、全事業の「94％が赤字」というのでは、「真剣味が足りない」と言われても仕方がないことでしょう。

自分のお金で新しい製品を作る事業を始めた場合はどうでしょう。もし失敗したら社会が受け入れないような意味のない製品を作ったことになります。

また、資源のムダ使いになって、社会にも損害を与えることになります。成功したとしても、銀行から借金をしていないので、社会のお金は増えません。その結果、日本人全体の給与も上がらないということになります。

銀行から借金して事業をした場合、借金した分だけ日本全体のお金（マネーストック）が増え、それに応じた新しい製品が出まわります。そこでバランスがとれて、日本社会が発展します。でも新しい製品だけが出まわっても、お金が増えないと、物があふれてデフレになるという結果になります。

バブル崩壊前は、銀行は事業の優劣を判断せずに土地などの担保をとってお金を貸していました。本来、銀行員が事業の優劣を決めることによって社会の発展（つまり成功する事業が増える）するシステムだったのを、銀行員がその社会的使命を果たさなかったことによって、日本の事業の平均的な価値が下がったのでバブルが崩壊したと考えられるからです。

それと同様に、銀行員が自己資本比率の高い会社なら融資するということになると、これもやはり判断を避けているわけですから、平均的に見ると優れた事業のチャンスが減ることになります。会社側も「どうせ借金ではないから」と安易に考えてさらに事業の質は悪くなります。

１９９０年頃のバブルの崩壊から約30年、日本経済が停滞したのは「リスクを負っても社会に貢献することをやって、大金持ちになるのだ！」という勢いがなくなったことによると著者は考えています。

「経済」は人々の生活を良くしていく社会活動

それに追い打ちをかけるように「公的資金の注入」や「政府の積極的な金融政策によってマネーストックを増やす」などの施策がとられ、ますます事業のスタートがイージーになりました。「悪い事業」の比率が増えたのです。

産業界や政府は日本の景気を良くしようと言っていますが、その実、景気が悪くなり、日本の勢いが弱まる決定や政策をとっているということになります。本著で整理したように、経済というのは所詮、社会活動であり、一所懸命、誠実、努力していって社会を良くしていく活動です。そこで「自分のこと、自分の会社」のことだけを考えて進めれば、日本の経済状況が悪くなるのは当然とも言えます。

その意味で、「投資したお金に見合う収益（ROEなどと言われます）」を上げるということも「投資家のことを考え過ぎて、従業員や社会のなかの存在」を忘れていると言えます。

自由な雰囲気のなかでの資本主義というのは実に人間の能力、性質などに適合しています。だからこそ共産主義に打ち勝ち、多くの欠陥があるのに200年近く続いてきたのだと思います。

江戸時代の思想家・山片蟠桃の言葉で「大知」というのがあります。前述しましたが、著者はこの言葉はとても深くかつ適切だと思っています。

言葉の意味は、「少数の優れた人が考えること（小知）より、大勢の凡庸な人が考えるほうが（大知）がより正しい」ということです。まさにそのとおりだと思います。

たとえばソ連は、モスクワ大学を最優秀の成績で出た官僚が知恵を絞って5カ年計画を立て、それに沿ってスターリンの強い指導力のもと、全力で計画を進めていきました。その結果、ソ連社会は散々な状態になりました。日本では政治家が影響力を発揮しますのでソ連のそれよりずっと「中央集権的」だったのですが、やはり「小知」は資本主義の「大知」に敗北しました。

少し違う話になりますが、文部省があって、学校教育を統制して来た日本は、大学受験にしても小学生のイジメにしても、多くの先進国から大きく水をあけられてしまいました。それに比べてアメリカなど文部省のない国では、失敗も多いのですが、いろいろな試みが行われています。国民が子弟の教育のためにより良い学校に通わせることができるので、教育改善のスピードが日本とは格段に違います。

今では日本の教育は、共産主義の産業のように旧態依然として力を失ってしまったのですが、これも「小知」と「大知」の差であると著者は考えています。

あとがき　～「経済学」は〝学問〟ではない

おそらく、本著を読まれた経済学者から「経済学を知らない科学者が、何で経済の本を書くのか！」とのお叱りを受けることでしょう。でもそれは、それなりに理由がありますので、経済学者からのそんな誹謗中傷《ひぼうちゅうしょう》に備えて、あらかじめここで反論を記しておきたいと思います。

現代の経済学者の話す「経済の話」のほとんどは意味がありません。それは、心ある経済学者自身がそのように言っておられます。

私たち科学者は、航空機を飛ばすにあたっては、十分な研究を積み、それらの経験を活かして航空機を飛ばすようにします。ですから、事故は皆無とは言えませんが、それでも10回飛ばして1回墜落するなどということはあり得ません。

ところが経済学者の予測は、「バブル崩壊」や「リーマンショック」など比較的内容が簡単なことでも、常に予測に失敗します。現在の日本の安倍政権が打ち出した「アベノミクス」ですら「良いのか？　悪いのか？」——、経済学者の論評は真っ二つに分かれました。

そんなものを「学問」と呼ぶわけにはいきません。だから私は「経済学はまだ学問にはなっていない」と言うのです。

それに加えて、奇妙なことがあります。

それは、

①　経済の分野は「データ」すらしっかりしていない

②　「前提」をハッキリさせなければならないのにそれができていない

③　経済の専門家が「政府と関係」しようとしている

④　「過去を整理」するより「未来を予測」しようとしている

この４つのことです。

学問には決してやってはいけないとされていることがあります。

第一に「データをしっかり整理して、データでは議論や反論がないように心がける」ということです。

データというのは過去のことですから、正しく整理すれば議論や反論の余地はないのですが、本著で示したように「政府の資産や財政状態」ですらハッキリしていないのです。これにより、経済が「学問」ではなく、「利害関係のある政治の世界」であることがわかります。

第二に、学問は常に「前提」をハッキリさせなければなりません。先ほどと同じ航空機の例で言えば、航空機を飛ばすにしても、どのぐらいの距離を飛ばすのか、どの場所で飛ばすのか、パイロットの技量はどの程度なのかなど、あらゆることの前提が決まっていない場合、その航空機が安全に飛行するかどうかは不明ですので、科学者はそれについてコメントしません。

これに対して、経済学では「過去のデータを使って未来を予測する」ということを多く行っています。経済は社会に大きな影響を受けるので、この前提が成り立つには「過去の社会と未来の社会が同一である」という証明をしなければなりません。しかし、現在ではそれは行われていません。したがって、学問的厳密性を欠くので、「予測は当然のごとく外れる」というわけです。

第三に、学問にお金や地位がついてまわるとろくなことはないのですが、経済学者や経済の専門家は、何らかのかたちで「御用学者」になることを望み、自らの成果が政策に生きることを希望するようになります。それは必然的にお金と関係ができるので、検討の過程が曖昧になります。

そして第四に、経済学には「未来予測」が多いのですが、学問は基本的には未来予測を嫌います。それは前提条件が変化するからに他なりません。しかし、経済学の宿命的な役割のひとつが未来予測なので、どうしても多くの未来予測が生まれ、そのたびに学問から離れていくということになります。

いろいろと経済学や経済学者の悪口を書いてきましたが、実は経済の本というのは、どんな高名な経済学者が書いたものでも、同じ分野の専門家から罵詈雑言《ばりぞうごん》を浴びせられるのが常で、それこそが経済学の欠陥を示しています。

一般の読者の方は、私がこの「あとがき」で経済学について批判をしたことに驚いておられると思います。でも、それこそが、私が経済の本を今回執筆した真なる理由なのです。

経済を語るのに、経済の専門用語をほとんど使わず、著名な経済学者・ケインズや日本政府の経済政策にもほとんど触れず、財務省に遠慮せずにものを言うことができるのは、私が「経済の専門家以外の人」だからです。

本来であれば、経済のことは経済の専門家が整理しなければならないことです。しかし、その経済の専門家は、先述したように「重い足かせをつけている」という現状にあります。

日本の「経済」は本著で詳述したように、「私たちの給料を2倍にする」ことも、「1人あたり3000万円返してもらえる可能性」もあるのです。だから現代の経済はきわめてアンバランスな状態にあるのです。
多くの方がこの本で「私たちの経済」、「私たちのお金」に対して少しでも知見が増え、それで個々の生活や人生が良い方向に向かっていくことを期待しています。

＊

最後にこの本を仕上げるにあたってご協力、ご援助していただいた、ＫＫベストセラーズの武江浩企編集長、「虎ノ門ニュース」スタッフの土屋敏明さんに深く感謝申し上げます。

武田邦彦

平成二十九年八月吉日

武田邦彦（たけだ くにひこ）

1943年東京都生まれ。工学博士。専攻は資源材料工学。東京大学教養学部基礎科学科卒業後、旭化成工業に入社。同社ウラン濃縮研究所所長、1993年芝浦工業大学工学部教授、2002年より名古屋大学大学院教授。原子力を中心とした資源、エネルギー、材料を専門としている。科学技術審議会、中央教育審議会、原子力委員会などの専門委員を歴任。テレビ番組「ホンマでっか!?TV」（フジテレビ）、「ビートたけしのTVタックル」（テレビ朝日）などに出演。

著書に『ナポレオンと東條英機』（ベスト新書）、『環境問題はなぜウソがまかり通るのか』3部作（洋泉社）他ベストセラー多数。

http://takedanet.com

給料《きゅうりょう》を2倍《ばい》にするための真《しん》・経済入門《けいざいにゅうもん》

ベスト新書 562

二〇一七年九月二〇日　初版第一刷発行

著　者◎武田邦彦《たけだくにひこ》

発行者◎栗原武夫
発行所◎KKベストセラーズ
東京都豊島区南大塚二丁目二九番七号　〒170-8457
電話　03-5976-9121（代表）
http://www.kk-bestsellers.com/

装　幀◎坂川事務所
印刷所◎錦明印刷株式会社
製本所◎ナショナル製本協同組合
DTP◎株式会社オノ・エーワン
図作成◎大熊真一（ロスタイム）

ISBN 978-4-584-12562-5 C0295